INTRODUCTION A LA PSYCHOLOGIE DE L'ENVIRONNEMENT

 *PSYCHOLOGIE ET SCIENCES HUMAINES*

Jean Morval

introduction à la psychologie de l'environnement

PIERRE MARDAGA, EDITEUR
2, GALERIE DES PRINCES, BRUXELLES

© Pierre Mardaga, éditeur
37, rue de la Province, 4020 Liège
2, Galerie des Princes, 1000 Bruxelles
D.1981-0024-10

Avant-propos

A ceux que j'aime, qui m'ont tellement donné.

Pour le psychologue social que je suis, l'isolement relatif imposé par la rédaction de ce volume a paradoxalement permis de mieux prendre conscience de ce que je devais aux autres sur de multiples plans. Qu'il me soit permis d'emblée de rendre justice aux Institutions et personnes qui ont favorisé directement ou indirectement l'aboutissement du projet de publication.

En premier lieu, ma reconnaissance va au Conseil de Recherches du Canada, à l'Union Internationale de Psychologie Scientifique en la personne de Monsieur David Bélanger ainsi qu'à l'Université de Montréal pour leur soutien effectif. Je remercie le professeur Marc Richelle de l'Université de Liège de m'avoir invité à publier dans la collection qu'il dirige et Henri Van Lier, professeur à l'Institut des Arts de Diffusion de Bruxelles, d'avoir bien voulu préfacer l'ouvrage.

Dans une autre direction encore plus personnelle, je n'oublie pas ce que je dois en particulier à Monique, au révérend Père Noël Mailloux et au docteur Jean Bossé, psychanalyste. Sans interactions profondes à des niveaux naturellement très différents avec ces personnalités si riches, compétentes et généreuses, qui sait si ce volume aurait été écrit?

Merci aussi à mes étudiants de deuxième et troisième cycles du Département de Psychologie à Montréal dont j'ai dirigé avec plaisir les travaux et singulièrement Claude Champagne, Solange Delorme, Sylvie Jutras et Aline Vézina.

Que Marie-Jeanne Arte et Hélène Paré soient également remerciées pour la dactylographie du manuscrit.

Le but que je poursuis sera atteint dans la mesure où le lecteur aura la possibilité de se familiariser avec une optique en voie de développement de manière à mieux comprendre la personne dans son cadre de vie : son environnement quotidien. En particulier, la nécessité d'une compréhension empathique de la vie urbaine doit se préparer en s'interrogeant sur les prémisses qui sous-tendent l'analyse scientifique classique pour faire plus de place aux exigences de validité écologique et à une implication subjective dans cette réalité si complexe à étudier sur le terrain.

Jean Morval

Préface
Environnement et feuilletage

> *Si nous le décidons, nous pouvons isoler un cristal, mais la ville et la cellule, coupées de leur milieu, meurent rapidement; elles sont partie intégrante du monde qui les nourrit, elles constituent une sorte d'incarnation, locale et singulière, des flux qu'elles ne cessent de transformer.*
>
> Prigogine et Stengers,
> La nouvelle alliance, *Paris, 1979, p. 143.*

L'environnement est peut-être le thème le plus provocateur que le XXe siècle ait imposé aux sciences humaines.

Apparemment la notion était claire. Finie la simple architecture, travaillant par maison ou par palais. Fini même l'urbanisme, se bornant à articuler des villes. Il fallait concevoir villes, industries et campagnes comme une grande circulation d'air, d'eau, de nourritures et de services. Architecturons la planète; la technique nous en donne les moyens, pensait Le Corbusier depuis 1930. Les sciences humaines nous préciseront les fins à poursuivre, ajouta-t-on vers 1950.

On multiplia les congrès, où étaient invités ingénieurs, sociologues, psychologues, biologistes; on traça des plans, et on construisit. Mais peu à peu les discours perdirent de leur assurance. On ne signalera jamais assez le contraste entre la faconde des années 60 à 70 et le chuchotement qui l'a suivie. Non que les responsables aient douté que l'espace habitable soit le meilleur don qu'on puisse faire aux hommes. Mais les échecs ont montré combien c'était une tâche difficile à définir.

D'abord les besoins ne sont pas énumérables, comme le croyait Le Corbusier. Il n'est pas sûr que nous exigions tous de l'air « exact », une bonne lumière, ni même du silence. La physiologie a souligné que nos organismes étaient des singularités nerveuses, humorales, immunitaires. Que les notions d'intoxication et de nuisance étaient relatives, puisqu'il y a des maladies écrans. Qu'un certain bruit et les bains de foule étaient aussi utiles aux uns que préjudiciables aux autres.

Les problèmes ont redoublé à mesure qu'on a vu que l'homme était conduit moins par des besoins, ou des intérêts, visant des choses, que par des désirs, visant des signes. L'environnement humain est bourré d'images, de mots, de chiffres, et d'objets-images, d'objets-mots, d'objets-chiffres. Or tous ces signes et objets-signes qui nous créent autant que nous les créons, bifurquent, se dédoublent, se retournent, se condensent, se décalent de manière incessante, imprévisible, inconsciente, formant des bouts de systèmes, des feuilletages en discordes et compatibilisations. En sorte que tout l'environnement humain est coupé de discontinuités et d'hétérogénéités, difficiles à maîtriser.

Comme il est aussi le champ de fluctuations. Là encore nous sommes en train de redécouvrir. Les anciens parlaient déjà du nez de Cléopâtre et de sa longueur, dont dépendit « toute la face du monde ». Après trois siècles obsédés de généralités et de régularités, nous recommençons à savoir que des événements minimes, aléatoires, insignifiants, une fois pris dans certaines conditions de milieu, se mettent à engendrer des organisations petites, puis plus grandes, puis dominatrices. Si bien que tout système un peu considérable est le siège de décentrements et recentrements, en tout cas de fluctuations, calculables en théorie depuis Prigogine, mais souvent incontrôlables en fait. L'environnement, qui est le plus varié des systèmes, est par excellence le lieu de ces déplacements qui intéressent le thermodynamicien, mais aussi le biologiste, le sociologue, l'historien des peuples, vu qu'ils rendent moins inintelligibles les échecs et les réussites de l'évolution des vivants et des civilisations, et de leurs écosystèmes. Mais alors la variété est aussi importante que la qualité. Le tri est bien difficile à faire entre bonne et mauvaise espèce, entre bon et mauvais environnement. Si le significatif vient de l'insignifiant aussi bien que du significatif et de l'important, comment l'environnementaliste pourrait-il concevoir de grands projets d'ensemble ou même des axes de référence?

Il y a à franchir un autre pas. Car ainsi nous parlons encore comme si le significatif était le résultat à poursuivre ou à escompter. Or, et c'est une autre redécouverte récente, un environnement réussi est fait de signes et de pleins, mais aussi de ruines et de trous. Ce sont les ruines et les trous dans la texture des significations qui contribuent grandement à l'habitabilité d'un village de Provence ou des vieux quartiers de Rome. De même que, pour des enfants, un terrain vague vaut souvent mieux que la plus intelligente plaine de jeux. En d'autres mots, dans l'environnement, l'être humain pratique l'art quotidien, qui est de rangement, de convenance, de «beauté»; mais il s'attarde en même temps à côtoyer l'envers des signes, l'avant-signe, l'après-signe, autour de quoi a toujours rôdé l'art extrême, celui des grands peintres, musiciens, photographes, cinéastes; ou encore l'expérience sexuelle, subversion radicale des signes. Les détritus, les incohérences, les laisser-aller, les projets avortés, les travaux en cours ouvrent, dans le tissu urbain, des béances, sans quoi l'homme oublierait l'univers, et ils activent les indices, ces on-ne-sait-quoi qui, sans être des signes, «font signe». A nouveau va-t-on programmer les ruines, les trous, les indices et les béances?

Puis, à toutes ces incitations à l'anti-projet ou au non-projet environnemental, il faut ajouter que nous n'avons plus les systèmes de valeurs partagés qui permettaient aux anciens, moyennant quelques violences, d'imposer des plans collectifs comme ceux de Bernin à Rome, de Haussmann à Paris. Non seulement il y a aujourd'hui autant de systèmes que d'individus, mais chaque individu s'éprouve comme une colonie d'options plus ou moins compatibles. La complexité a fait place à la complication, selon une évolution sensible aussi bien dans la technique et la science.

Enfin, faut-il rappeler que l'environnement comme tel est une réalité tout à fait spéciale? Ce n'est pas une collection de gens et d'objets. Les gens se rencontrent, les objets s'utilisent ou s'emploient. L'environnement s'*habite* (et la phénoménologie a montré combien habiter était difficile à définir). Il est un enveloppement, un en-tourement : en-viron, dans-autour, in-around. Il *comprend* les objets et les gens, mais leur est antérieur. Il comprend aussi des images, mais est lui-même de l'ordre du fantasme, lequel se définit comme une image habitée (une image qui n'est pas devant le sujet, mais dans laquelle le sujet est compris), et un singulier-pluriel (des images habitées qui ne sont qu'une image). C'est ça que les architectes veulent rendre quand ils disent qu'il est « lieu-voie-domaine » (Norberg-Schultz) ou « espace indicible » (Le Corbusier). Tout compte fait, l'environnement ne se mesure pas en mètres, ni en unités d'information, ni en opérations successives, mais en taux d'ouverture et de fermeture, d'opacité et de porosité, de centrement et d'ubiquité, de proche-proche, proche-lointain, lointain-lointain, lointain-proche, de fluide ou de visqueux, d'ordonné ou de bruissant, d'enveloppant ou de frontal. Bref, c'est une intonation plus que des mots. A valeur égale d'emplois et de services, c'est pour ces intonations que les uns choisissent San Francisco et les autres Mexico ou Bruxelles, telle campagne ou telle autre, tel site industriel ou tel autre. Cela n'a rien ou très peu à voir avec la « beauté », ni même la commodité. Le mineur peut trouver son site minier horrible, inconfortable, avec des voisins maussades, et préférer y vivre et mourir. Il s'agit d'effets de champs perceptifs beaucoup plus que de perceptions. L'arithmétique, la statistique, la géométrie sont moins pertinents ici que la topologie. Et c'est bien normal s'il est vrai que la topologie est la mathématique la plus fondamentale, et que l'environnement est, pour le mammifère humain, le plus fondamental, c'est-à-dire la matrice continuée ou agrandie.

Il suit de tout ceci que, depuis vingt ans, les théories de l'environnement tentent de concilier tant bien que mal la déprogrammation environnementale et l'industrie contemporaine, laquelle est fatalement programmatrice, en raison de ses matériaux à gros investissements (ciment, acier) et de ses infrastructures à long terme (routes, tuyauteries, câblages). On a exploré toutes les issues. *L'architecture mobile* propose à l'habitant des dispositifs avec lesquels il peut varier son espace au gré de ses options; mais le désintérêt récolté prouve qu'en matière d'habitat l'être humain ne cherche pas à créer de rien, et préfère un déjà-là qu'il aménage. *L'architecture en dur conçue par l'habitant* confirme, par son échec, le même désir d'un déjà-là qu'il n'y ait plus qu'à aménager et investir. *L'architecture compatible,* ou *an-architecture*, veut réaliser des projets assez peu déclaratifs, assez peu dominateurs, pour se compatibiliser avec des additions ultérieures, venant d'autres entreprises, ou d'une même entreprise à mesure qu'elle se développe. *L'architecture rétro* (voire néo-classique), désespérant de trouver l'image d'un environnement spécifiquement contemporain, réapproprie les systèmes de signes du passé pour d'autres fonctions, selon un détournement de sens que les civilisations ont souvent pratiqué. *L'architecture sectorielle* quadrille l'espace bâti avec l'espoir de contrôler quelque peu les fluctuations entre les lieux d'innovation, les lieux de conservation, les réserves de ruines et de trous. *L'architecture impure* s'installe d'emblée dans les fluctuations, dont elle perçoit les dissonances, voire les stridences, comme des intensités possibles («Learning from Las Vegas»). Dans la plupart de ces options, les disparates sont tempérées par le son et l'éclairage: notre son HF et nos éclairages à sources multiples réalisent dans les extérieurs et les intérieurs d'aujourd'hui l'enveloppement protecteur et stimulateur qu'on demandait autrefois aux dispositions de l'architecture même; ils sont devenus l'architecture de ceux qui n'en ont plus; et ils réussissent souvent si bien dans cette suppléance qu'ils dispensent du projet architectural. Il n'y a guère qu'un cas où l'ère contemporaine a produit des environnements bâtis cohérents: *l'architecture instable*, celle des centres commerciaux, et aussi des expositions et des foires, dont on a parfois eu le bon esprit, comme à «Terre des Hommes» à Montréal, de faire des sites transitoires permanents.

Cette réussite nous conduit au cœur de la question. Si l'environnement actuel est devenu si problématique c'est qu'il croise un espace et un temps nouveaux, qu'on peut suggérer d'un mot: ubiquité. En raison de l'automobile, du téléphone, de la radio, de la télévision, le proche et le lointain ont cessé de se disposer en cercles concentriques. L'individu trouve ses plages de proximité et d'intimité à quelques mètres, mais aussi à vingt kilomètres, ou cinq mille. La TV et la radio sont dans la maison, et inversement la maison est dans la TV et la radio. C'est ce qu'accepte *l'architecture relais,* où une demeure d'un style quelconque, en plus de commodités d'alimentation, de vêtement et de sommeil, stocke les dispositifs (TV, radio, chaîne HF, voiture, magazines, voire labo photo, récepteurs-émetteurs) par quoi s'inversent l'ailleurs et l'ici, la présence physique et la présence mentale : « at home in transit » (General Ideas). Pour autant l'individu se perçoit comme un ensemble de relais locaux et temporaires de processus qui le traversent ; ou encore comme des feuilletages de segments appartenant à la fois à son organisme, à des objets parfois très lointains, à d'autres organismes de complexions diverses. Il faut donc être nuancé quand on parle de la solitude ou de la massification de l'homme actuel. L'ubiquité a détruit des proximités et en a créé d'autres. Il va sans dire que ni l'aménagement du territoire, ni l'urbanisme, ni l'architecture de la demeure n'ont encore tiré toutes les conséquences d'un changement si radical.

Ainsi, la psychologie de l'environnement est une appellation d'une riche ambiguïté. Elle suggère d'abord que l'environnementaliste aurait à apprendre du psychologue : le psychologue dispenserait des conseils aux designers de l'environnement, du moins s'ils sont d'accord sur le cadre politique (individualisme, collectivisme, etc.) et sur le cadre culturel (hygiénisme, dolce vita, espace fluide ou visqueux, etc.). Mais en retour on peut entendre que la psychologie a beaucoup à apprendre de l'environnement. En effet, le psychologue et le sociologue ont rarement réfléchi à ce qu'est l'environnement comme tel (leur méthode numérique fait même qu'ils en savent souvent moins sur le sujet que l'homme de la rue ou tout honnête journaliste). Et d'autre part les environnements contemporains appellent, par leurs originalités, des grilles de lectures entièrement neuves.

Il se pourrait que ces deux démarches se rencontrent dans l'idée d'une écologie généralisée, comprenant, en plus des forces physiques et biologiques, les systèmes de signes qui les complètent dans l'homme. Mais cela même est insuffisant. En vérité, nous n'avons pas de mot désignant clairement notre nouvelle distribution du réel, où les vraies unités ne sont pas les organismes, ni les environnements, ni même des systèmes les comprenant tous deux comme sous-systèmes. Le monde tel que nous sommes amenés à le percevoir et le pratiquer est fait de systèmes physiques, biologiques et sémiotiques, locaux et transitoires, couplant des « feuillets » très divers des individus avec des « feuillets » très divers des environnements. Cette vue est sans doute plus proche du Japon traditionnel, segmentarisateur, que de l'Occident classique, médiateur et synthétique. Elle permet de comprendre que, depuis le début du siècle, moment où Frank Lloyd Wright débarque au Japon, l'articulation japonaise (de l'architecture mobile à la radio et à la TV portatives) se retrouve derrière tous les projets d'environnements spécifiquement contemporains [1].

L'ouvrage de Jean Morval a l'avantage d'être un survol, *survey course*. Pour autant il ne met pas le lecteur sur un sentier dans la forêt. Il fait voir la forêt de haut, suggérant d'y tracer des directions et des voies, et en tous sens. Certains regretteront le bon temps où, en ce domaine, on croyait connaître les buts et n'avoir plus qu'à mettre en œuvre des moyens. D'autres, au contraire, se réjouiront de ce que, par sa nature, l'environnement contemporain est le lieu de projets à sans cesse reprendre et déplacer. Et que cette façon de travailler dans le risque sans jamais prévoir à coup sûr, cette rencontre des bonnes et des mauvaises fortunes là où on les attendait le moins, c'est précisément ce qu'on a toujours appelé la vie.

Henri Van Lier

Chapitre I
Perspective de la psychologie de l'environnement

> « *Social psychology broke its promise and has not really solved the problems it set out to solve, so do not contaminate environmental psychology with these unfulfilled promises.* »
>
> Proshansky

Section 1
Toile de fond - origines - types de contributions - rapports avec la psychologie sociale

Comme Stokols le mentionne dans l'« Annual Review of Psychology » de 1978, la psychologie de l'environnement a connu un développement considérable depuis la parution dans la même revue, cinq ans auparavant, d'une première rubrique spécifique à ce sujet rédigée par Craik. Plusieurs signes qui témoignent de cette évolution rapide y sont rappelés : les rencontres annuelles d'E.D.R.A. (Environmental Design Research Association), dont les actes publiés ont constitué une première banque de sources bibliographiques, ainsi que les conférences internationales de psychologie architecturale, qui ont été les premiers lieux de rencontre des spécialistes à l'échelle internationale. Aux Etats-Unis comme au Canada, les sociétés nationales de psychologie ont établi un groupe d'intérêt respectivement en 1974 et 1978 et plusieurs revues de langue anglaise traitent spécifiquement des relations entre l'environnement et le comportement. En 1980, apparaît aux Presses Universitaires de France le premier volume de langue française consacré à ce domaine par Lévy-Leboyer. La nouvelle revue « Journal of Environmental Psychology » chez Academic Press qui se fixe comme objectifs d'être un forum et un porte-parole privilégié de cette discipline à travers le monde, voit le jour en 1981.

Ces multiples indicateurs de vitalité ne doivent pas masquer les difficultés, en particulier le manque de rigueur scientifique et de cohérence théorique, de ce secteur encore à la recherche de ses frontières. Dès le départ, il s'agit également d'épingler, à côté de cette faiblesse, quelques caractéristiques majeures de cette perspective en voie de développement :
1. L'utilisation d'une approche écologique dans l'étude des transactions entre l'homme et son cadre de vie ;
2. l'accent placé sur l'utilisation de stratégies scientifiques visant également à proposer des solutions aux problèmes environnementaux posés par la communauté ;
3. la complexité d'aborder des environnements à grande échelle en dépassant les obstacles inhérents à une collaboration interdisciplinaire absolument requise.

Pour comprendre le courant majeur qui se dessine, il est utile d'avoir à l'esprit la toile de fond, les origines propres, les rapports avec la psychologie sociale, afin d'évoquer aussi le type de contributions possibles. Tout d'abord, on peut rappeler quelques facteurs assez proches de nous dans le temps, qui ont favorisé l'émergence d'un intérêt interdisciplinaire pour l'environnement :
1. le succès du mouvement écologique, avec l'impact des travaux du Club de Rome sur la notion de « société de conservation » comme réponse à la crise de l'énergie ;
2. la prise de conscience, précipitée par les médias et certains groupes de pression, de toutes les formes de pollution, qu'il s'agisse du milieu naturel (plages, lacs, rivières...) ou construit (vandalisme, criminalité dans les villes, bruit...) ;
3. certains développements méthodologiques liés à la révolution des ordinateurs, qui permettent de simuler des systèmes sociaux complexes et constituent un élément d'ana-

lyse particulièrement utile dans la prise de décisions en matière d'aménagement. Utilisant l'analyse systémique, Forrester par exemple a créé des modèles urbains en particulier pour la ville de Boston. C'est appliquer à la dynamique d'une cité la simulation et la méthode d'analyse utilisée au préalable dans les organisations et consistant à étudier les rapports entre les activités concrètes et les circuits d'information et de décision. De manière plus large, on peut reprendre la synthèse de Moos, qui envisage une série de courants comme autant de facettes permettant de conceptualiser l'environnement.

1. L'apparition de civilisations avancées

Pour Toynbee, l'environnement n'est pas le seul facteur explicatif du développement d'une civilisation. Il n'existe pas nécessairement une correspondance entre les caractéristiques de l'environnement physique, géographique, et le fait qu'une civilisation se développe ou non. Pour cet historien, l'environnement représente un défi à relever par l'homme. Dans une perspective optimale, les êtres humains sont stimulés à atteindre des niveaux élevés de créativité. Le défi suscité par l'environnement serait donc la condition nécessaire à l'apparition comme à la croissance de civilisations avancées.

2. Le développement de l'écologie humaine

On sait que l'écologie humaine a pris sa source dans la perspective évolutionniste de Darwin. Hawley la définit comme l'étude des relations entre les organismes ou des groupes d'organismes et leur environnement. Le concept d'écosystème est assez central dans l'approche écologique dont nous allons signaler quelques jalons présentés dans le tableau I ci-dessous. Pour Altman et Wohlwill, la notion d'écologie représente une vue générale de la nature, une orientation, un ensemble de croyances, de valeurs et de principes. Elle n'en demeure pas moins une approche scientifique, à l'origine biologique, qui a pour objet l'étude des êtres vivants et des interactions de toute nature qui existent entre ceux-ci et le milieu, comme le souligne Erpicum. Cette définition soulève la question importante

Tableau I

RAPPEL DE QUELQUES JALONS DE L'APPROCHE ECOLOGIQUE

Auteur	Année	Contribution
Hawley, A.	1968	Application du concept d'écosystème et de la notion d'équilibre écologique au domaine de l'écologie humaine.
Kelly, J.G.	1968	Présentation des différents principes de l'approche écologique : 1. principe de l'interdépendance, 2. principe du transfert des ressources, 3. l'effet de l'environnement sur le style d'adaptation, 4. principe de la succession.
Erpicum, D.	1972	Utilisation de la notion de milieu et d'écosystème dans une perspective psychologique.
Heimstra, N.W. Mc Farling, L.H.	1974	Elaboration de trois types de relations existant entre l'environnement et le comportement humain.
Altman, I. Wohlwill, J.F.	1976	Présentation des origines de l'écologie. Utilisation des valeurs et des principes de l'écologie dans le domaine du comportement humain.
Stokols, D.	1977	Elaboration d'un modèle écologique de la relation comportement/environnement. Délimitation du champ d'étude des différentes disciplines impliquées dans ce modèle.
Willems, E.P.	1977	Utilisation de l'approche systémique comme outil d'analyse dans l'approche écologique.

de la relation entre les éléments vivants, les différentes espèces et l'environnement physique. Cette relation se précise davantage à travers la définition de l'écosystème reprise de Hawley: une population comprenant un ensemble d'espèces dont les réactions face à leur habitat et les coactions entre chacune d'elles constituent un système intégré ayant un caractère unifié. En formant un système unifié, les éléments vivants et non vivants de l'écosystème interagissent les uns en fonction des autres dans le sens où la modification d'un des éléments entraîne inévitablement un changement des autres. C'est l'affirmation du principe de l'interdépendance.

Heimstra et MacFarling étudiant le comportement humain à travers la relation entretenue avec l'environnement immédiat dégage trois types de relations :
1. Le type d'environnement détermine le comportement des gens qui s'y trouvent (certaines conduites acceptées à la campagne seront bannies dans les rues d'une grande ville).
2. Les caractéristiques d'un cadre de vie, comme le bruit ou la densité, influencent le comportement et la personnalité des résidents.
3. L'environnement est une source de motivations dans la mesure où il incite les personnes à développer certaines formes d'adaptation.

Même si le terme environnement n'est pas défini de la même manière par tous les auteurs, l'application de l'approche écologique au domaine des transactions homme/environnement va nous conduire au cœur de la psychologie de l'environnement avec des auteurs comme Stokols et Willems.

Deux courants antérieurs en ont influencé le développement : dès le XIXe siècle, les recherches épidémiologiques concernant la distribution spatiale à partir de caractéristiques humaines diverses; la géographie humaine et culturelle, en particulier l'école de Chicago avec les travaux de Park sur les niveaux biotiques et culturels, en transposant pour la ville les théories applicables aux plantes et aux animaux. A propos de l'écologie humaine conçue comme l'étude de l'adaptation de la communauté, Theodorson avait envisagé trois catégories d'analyse : les strates sociales, celles portant sur la structure de la communauté à partir de la division du travail, celle de la culture comme concept primaire.

3. Le mouvement écologique proprement dit

Ce mouvement, que nous avons déjà mentionné, s'est structuré dans un pays comme la France quasiment comme une force politique. Dans la plupart des pays, il s'agit d'une réponse, principalement des jeunes et des personnes hautement scolarisées, à la détérioration du milieu et à l'épuisement des ressources non renouvelables. Signalons au passage deux autres courants latéraux avant d'aborder le domaine de la psychologie : les malaises multiples des grandes organisations modernes et l'apparition de préoccupations épidémiologiques.

Les bureaucraties tentaculaires des états, comme les organisations des multinationales géantes, sont par définition de plus en plus complexes. La vulnérabilité accrue de leur personnel dans des conditions de crise nécessite une compréhension renouvelée de l'impact des organisations contemporaines sur les travailleurs et la société globale. C'est d'ailleurs le rôle que devrait jouer une véritable écologie sociale des organisations qui reste à élaborer. Quant aux préoccupations épidémiologiques, elles tentent de cerner les déterminants environnementaux de la santé et de la maladie.

4. Les apports de la psychologie expérimentale et des théories de la personnalité

L'influence des facteurs environnementaux sur les attitudes, les comportements et les sentiments, est une idée constante tant au niveau de la psychologie expérimentale que des théories de la personnalité (Freud, Murray, ...). Citons également le rôle des besoins et pressions du milieu de Lewin et sa théorie du champ, ainsi que la théorie de l'apprentissage de Skinner. C'est en 1968, que Barker publie son volume de «Psychologie Ecologique», qu'il définit comme l'étude du comportement objectif des humains dans des cadres physiques circonscrits. Cette définition limitative s'inscrit dans le prolongement de celle de son unité d'analyse, le «behavior setting». Il s'agit d'un lieu limité dans le temps et l'espace, dont les caractéristiques particulières sont en lien d'interdépendance directe avec le comportement des personnes qui y évoluent. Par exemple, une salle de spectacle, une chapelle ou une discothèque sont des lieux précis où se rassemblent des personnes qui adoptent un comportement spécifique suivant des horaires déterminés. Stokols a bien souligné la différence entre psychologie écologique et psychologie de l'environnement, la première mettant l'accent sur les processus collectifs par lesquels les groupes s'adaptent aux ressources physiques et sociales disponibles dans l'environnement, la seconde se centrant davantage sur les processus intrapersonnels qui médiatisent l'impact de l'environnement sur l'individu.

5. L'architecture et la psychologie de l'environnement

Le fonctionnalisme a été la pierre angulaire de l'architecture du XXe siècle, que l'on pense à Walter Gropius ou à Le Corbusier. Et pourtant Van Lier, très sensible aux phénomènes de mutation et à la théorie de Prigogine, constate que, dans toute réalisation architecturale, il existe nécessairement un élément anti-fonctionnel. Avec le temps, aucun espace construit n'est vraiment utilisé pour les fins initiales prévues lors de sa planification. Devant le double spectacle de la prouesse technique et de son impact sur la qualité de vie, les architectes les plus ouverts de la dernière décennie se sont rapprochés des sciences humaines. La psychologie de l'environnement pouvait naître, bénéficiant de l'interaction entre spécialistes de l'aménagement et psychologues sociaux. En 1976, Proshansky la définit comme une tentative d'établir des liens théoriques et empiriques entre le comportement, l'expérience de la personne et l'environnement. Celui-ci englobe les cadres naturel, construit et social, et doit être compris comme un système dynamique de composantes, incluant celui qui perçoit et la façon selon laquelle l'information est obtenue et interprétée. L'environnement est vécu à travers l'action; il a une valeur symbolique, esthétique, multimodale (tous les sens sont concernés simultanément). Les transactions continues de l'homme avec son environnement mettent en évidence le caractère actif de la personne, qui transforme son cadre de vie et entretient avec lui une relation dynamique. A ce niveau, Proshansky insiste sur la nécessité de respecter l'intégrité des personnes et des cadres de vie dans la conduite de toute expérimentation. Bronfenbrenner partage ces préoccupations et souligne l'importance de la validité écologique. Il distingue quatre niveaux d'analyse, depuis le microsystème jusqu'au macrosystème, en passant par deux niveaux intermédiaires, méso et exo-systémiques (tels que représentés sur l'axe des lieux du graphique 1).

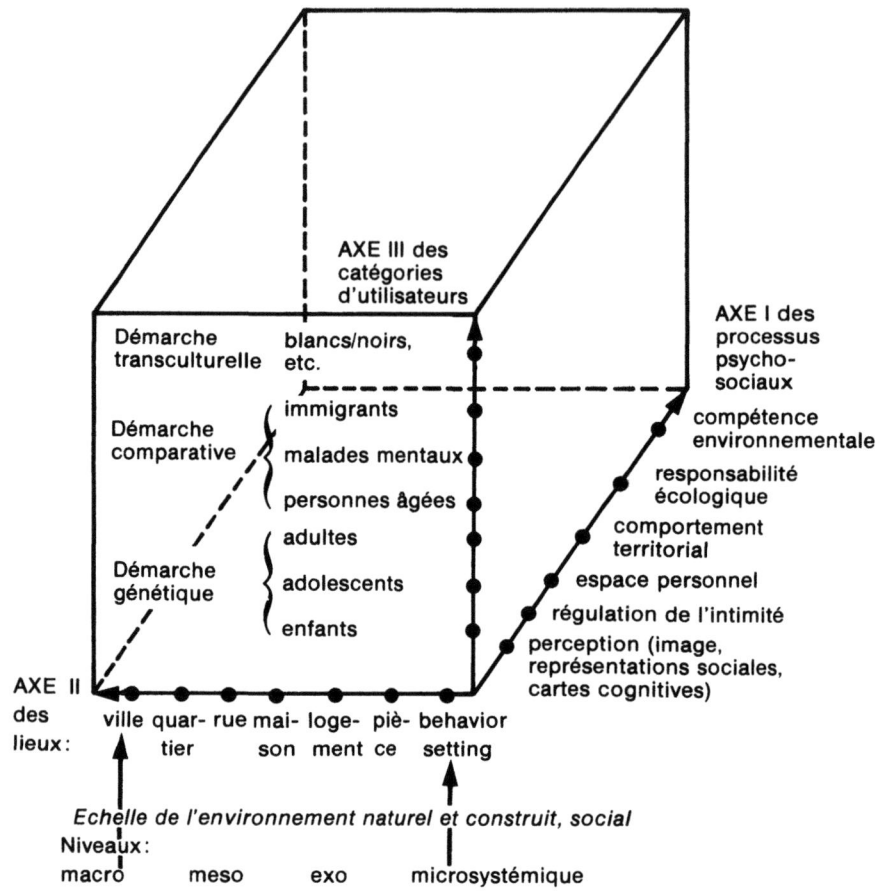

Graphique I. *Le champ de la psychologie de l'environnement.*

En 1974, Ittelson a énoncé dix principes fondamentaux de la psychologie de l'environnement:
1. le comportement humain est relativement stable à travers le temps et les situations;
2. les modes de comportement adoptés en réponse à un cadre physique donné persistent, indépendamment des personnes impliquées (exemple des « behavior settings », traduit parfois en français par cadre de vie: aux heures ouvrables d'un cinéma les comportements spécifiques atten-

dus des spectateurs, quels qu'ils soient, consistent précisément à regarder un film);
3. l'environnement est un système ouvert. C'est dire que ses limites sont définies par les interactions avec d'autres systèmes physiques et sociaux;
4. le comportement propre à un cadre physique donné sera affecté par un changement dans n'importe quelle composante (caractère dynamique);
5. si un changement inhibe l'apparition d'un comportement spécifique à un contexte donné, un cadre plus adéquat sera recherché;
6. l'environnement englobe non seulement les composantes physiques mais également les comportements individuels et sociaux qui s'y produisent;
7. l'environnement est unique pour la personne qui le définit;
8. les environnements spécifiques ont une histoire naturelle relative à leur usage;
9. les environnements sont neutres, mais on devient conscient de leurs caractéristiques quand une modification s'y produit ou en présence d'un cadre non familier;
10. les environnements ont des limites physiques.

Quant à la perspective d'écologie sociale de Moos, que Stokols tente de traduire en programme universitaire à Irvine, en Californie, on pourrait la caractériser globalement comme suit:
1. c'est une approche qui vise à comprendre l'impact de l'environnement à partir du point de vue de la personne;
2. c'est un essai de synthétiser l'étude des environnements physiques et sociaux;
3. cela implique de tenir compte du type d'ajustement et d'adaptation individuels;
4. cela met en évidence une orientation appliquée et pratique, alors que Altman considère plutôt que toutes les méthodologies sont pertinentes et appropriées aux différents niveaux d'analyse du système environnemental;
5. cela ne représente pas seulement une approche scientifique, mais également une orientation humaniste dont la société en général pourrait bénéficier.

Pour Altman, les principes directeurs sont donc un peu différents, à l'intérieur d'une démarche plus large orientée vers les mêmes buts. Au niveau de la recherche, cet autre pionnier du domaine préconise une stratégie centrée sur les unités sociales répondant aux caractéristiques suivantes :
Ce type d'analyse en termes d'unité sociale
1. n'est pas un substitut pour une approche comportementale,
2. n'est pas lié à une méthode particulière (behaviorale par exemple),
3. ne produit pas de relations « cause-effets »,
4. n'est pas davantage idéographique ou nomothétique,
5. n'est pas plus appliquée que fondamentale,
6. n'exige pas que chaque recherche particulière englobe toutes les facettes de l'unité sociale.

Quant aux origines propres du courant précis dans lequel cet ouvrage s'inscrit, il ne faut pas remonter tellement dans le temps. En effet, c'est au début des années soixante (1960), en particulier aux Etats-Unis, que les interactions entre psychologues sociaux et spécialistes de l'environnement allaient constituer l'élément déclencheur de ce renouvellement de perspective. Le point de départ de la psychologie de l'environnement proprement dite, que certains auteurs situent en 1970 a coïncidé avec une période de frustration quasi symétrique des architectes conscients de leurs limites et de psychologues sociaux. Pour ces derniers se faisait sentir une saturation d'orientations de recherche si éloignées des problèmes sociaux les plus criants. Comme l'explique Altman, cette rencontre fut stimulante et frustrante pour les mêmes raisons : les différences quant à l'optique, la démarche et le langage utilisés. En effet, pour le spécialiste de l'environnement, l'objet d'étude est avant tout un lieu, alors que le psychologue va s'intéresser à un processus de comportement. La démarche de la psychologie porte sur les relations entre variables, c'est une démarche analytique consistant en une étude fine des dimensions sous-jacentes. Au contraire, l'urbaniste ou l'architecte pris dans les contraintes de temps et de budget expriment des besoins de l'ordre de la synthèse. Que peuvent apporter les derniers développements des travaux sur l'espace personnel par exemple en vue de construire des immeubles résidentiels ? Quelle couleur ou quelles dimensions favorisent une atmosphère propice au travail dans une salle de classe ? Ce sont des questions de ce genre qu'adresse le responsable de l'aménagement au psychologue, encore souvent démuni, parce qu'il ne dispose d'aucune réponse immédiate. Enfin les différences de langage et de formation constituent un autre terrain propice aux difficultés de compréhension mutuelle. Ceci dit, il est clair qu'édifier des environnements, c'est toujours construire des systèmes sociaux. Il n'est pas évident que la formation actuelle de plusieurs écoles d'aménagement prépare leurs étudiants à l'acquisition de compétences suffisantes pour une saisie scientifique du fonctionnement d'un système social. Il faut donc souligner la nécessité d'un dialogue constructif entre ces deux catégories de professionnels qui puisse surmonter les obstacles à la communication interdisciplinaire et se rendre compte que chaque discipline prise isolément risque de produire des contributions de portée très restreinte.

Sans perdre de vue que le champ de l'environnement est interdisciplinaire par définition, on peut tenter d'articuler les types de contributions de la psychologie de l'environnement aujourd'hui et préciser ses rapports avec la psychologie sociale. Sur le plan de la critique constructive, il ne fait pas de doute que les représentants des sciences humaines se doivent de mettre en question les modèles urbains utilisés par les planificateurs en démystifiant leurs postulats et proposant des alternatives.

Pour la psychologie de l'environnement, la tâche théorique est immense, comme l'affirment aussi bien Proshansky qu'Altman. Il s'agit de repenser les concepts traditionnels en essayant de les opérationnaliser en vue d'une application dans des milieux naturels (la régulation de l'intimité, l'espace personnel, la territorialité...). La nécessité d'inventer des concepts nouveaux, comme la responsabilité écologique, s'impose dans la mesure où tous les aspects de nos transactions avec l'environnement ne peuvent être complètement désignés en utilisant le vocabulaire disponible jusqu'ici. Tous ces concepts peuvent se distribuer le long de l'axe 1 du graphique

1, depuis les plus anciens, telle la perception, jusqu'à ceux qu'il reste à élaborer, comme la notion de compétence environnementale. L'édification progressive d'une théorie suppose enfin de relier les concepts nouveaux aux plus traditionnels et de jeter les bases d'une perspective psychologique satisfaisante des relations entre l'homme et l'environnement.

De manière à visualiser en quelque sorte l'étendue du champ de la psychologie de l'environnement, le graphique 1 permet de se faire une meilleure idée de son articulation. L'axe 1 des processus psycho-sociaux sous-jacents regroupe donc, en fonction de leur degré d'ancienneté, les plus étudiés d'entre eux, qui sont la cible du chapitre II. Sur l'axe 2, celui des lieux, se retrouvent les différentes échelles de l'environnement (niveaux micro-, méso-, exo- et macrosystémiques) qui se distribuent depuis l'origine, le « behavior setting » comme unité d'analyse élémentaire, jusqu'aux environnements à grande échelle comme les quartiers ou la ville elle-même. Dans le chapitre III seront étudiés plusieurs aspects de l'écosystème urbain. Enfin l'axe 3, relatif aux différentes catégories d'utilisateurs de l'espace, suggère simplement qu'une perspective génétique ou différentielle peut évidemment être appliquée à ce domaine. Remarquons cependant que, si la genèse de la représentation de l'espace a été abondamment étudiée par la psychologie expérimentale, ce n'est que récemment que des travaux ont porté sur des environnements naturels. Une section du chapitre III y sera d'ailleurs consacrée. Signalons également que la dernière publication d'Altman propose une approche transculturelle des transactions de l'homme avec son environnement. Remarquons que, si l'orientation de l'ouvrage avait pris en considération les contraintes de l'espace-temps dans une perspective historique, il aurait fallu imaginer dans le graphique 1 une spirale passant par l'origine et qui représenterait cette dimension temporelle historique.

Quant aux applications de plus en plus nombreuses et diversifiées, elles ne sont pas abordées dans les pages qui vont suivre et le lecteur est invité à consulter les articles récents d'équipes comme celles de Lévy-Leboyer en France, Canter en Angleterre, Craik en Californie ou Francescato au Maryland.

Pour terminer cette première section du chapitre introductif, les rapports de la discipline au cœur de cet ouvrage avec sa sœur aînée, la psychologie sociale, seront présentés à la lumière du débat suscité par Altman et Proshansky. L'essentiel des positions en présence est repris dans les deux tableaux qui vont suivre: le premier juxtapose les caractéristiques de la psychologie sociale et de la psychologie de l'environnement, le second mettant en perspective les opinions des protagonistes en cause. Notre position personnelle, à mi-chemin entre l'optimisme d'Altman et le pessimisme de Proshansky, sera élaborée dans les conclusions de l'ouvrage.

Tableau comparant les deux disciplines

Psychologie sociale	Psychologie de l'environnement
- Perspective *moléculaire* analytique : aspects limités et précis du comportement.	- Perspective globale, *molaire*, synthétique : réponses globales et complexes à l'environnement physique
- Accent sur le comportement de l'individu, du groupe, mais sans relations entre les deux.	- Perspective psycho-sociale centrée sur les aspects psycho-sociaux des relations entre l'environnement et le comportement.
- Orientation *théorique*.	- Orientation vers *la solution de problèmes* : ponts entre la recherche, la théorie et l'action sociale.
- Orientation *scientifique* de base bien ordonnée, homogène : études en laboratoire, contrôle rigoureux des variables manipulées.	- Perspective méthodologique large : *pragmatique*, hétérogène, *éclectisme* méthodologique, observations en milieu naturel.
- Point de vue conceptuel *restreint* et accent sur la recherche dans un certain isolement.	- Point de vue conceptuel *large* : interdisciplinaire, sensibilisé aux relations de circularité entre la recherche et l'application.
- Sujets d'expérience, *séparés de leur espace de vie naturel* : sujets naïfs en laboratoire, étudiés comme des objets, groupes formés artificiellement pour la durée de l'expérimentation.	- Sujets de recherche : *groupes sociaux réels* dans leur contexte habituel.
- Variance idiosyncrasique équivaut à une erreur, les caractéristiques de ces individus ou groupe ont peu d'intérêt.	- Compréhension des unités sociales telles qu'elles fonctionnent naturellement.

Contributions

Psychologie sociale	Psychologie de l'environnement
Actuelles : Rigueur méthodologique	- Elargir l'arsenal méthodologique
Potentielles : Elaborations théoriques et édification de perspectives théoriques	- Faire prendre conscience aux psychologues sociaux des postulats qui sous-tendent la définition des problèmes, la collecte des données et la stratégie d'analyse des résultats.

*Tableau du débat relatif aux relations de la psychologie sociale
et de la psychologie de l'environnement*

Arguments favorables selon Altman	Arguments défavorables selon Proshansky
1. Les méthodes expérimentales rigoureuses de la psychologie sociale peuvent contribuer à produire des données de base pour la psychologie de l'environnement.	1. Les méthodes expérimentales de la psychologie sociale sont trop limitées et violent le prérequis de l'intégrité des personnes et du cadre de vie
2. Les théories de psychologie sociale peuvent aider beaucoup la psychologie de l'environnement à structurer ses efforts théoriques.	2. Les théories de la psychologie sociale n'ont pas produit une explication adéquate du comportement social, elles ne doivent donc pas être adoptées par les psychologues de l'environnement.
3. Les promesses de la psychologie sociale pour résoudre les problèmes sociaux sont similaires à celles de la psychologie de l'environnement par rapport aux problèmes environnementaux.	3. La psychologie sociale n'a pas tenu ses promesses et n'a pas réussi à résoudre les problèmes sociaux, d'où il ne convient pas de contaminer la psychologie de l'environnement par une démarche similaire.

Arguments défavorables selon Proshansky	Arguments favorables selon Altman
4. Les recherches de psychologie sociale sur les groupes restreints, les organisations ne peuvent être appliquées comme telles aux questions environnementales sans violer le principe de l'intégrité du cadre de vie et des personnes.	4. Les recherches de psychologie sociale ne peuvent s'appliquer comme telles aux problèmes de l'environnement en raison de la violation du principe de l'intégrité entre personnes et cadre de vie. Néanmoins une application sélective d'une bonne partie de ses travaux est possible et utile.
5. Les possibilités énormes de la psychologie sociale ont été si mal exploitées qu'elles risquent davantage de nuire que d'aider le développement de la psychologie de l'environnement.	5. Il est nécessaire de se fier aux possibilités de la psychologie sociale pour orienter ceux qui croient en sa contribution à la psychologie de l'environnement aussi bien que ceux qui sont plus sceptiques.

Section 2
La responsabilité écologique [2]

La préoccupation pour la qualité de l'environnement est apparue durant les années soixante suite à une prise de conscience de la détérioration de la biosphère pouvant affecter le bien-être et la survie de l'espèce humaine. La dégradation de l'environnement naturel, les pollutions et nuisances de toutes sortes, la diminution des ressources non renouvelables, l'énergie, l'alimentation et la surpopulation ont engendré cette inquiétude. Ils sont regroupés ici sous le thème de problèmes écologiques (même s'ils ont aussi des composantes politiques, économiques et sociales) parce qu'ils ont une incidence sur les systèmes bio-écologiques.

Ces problèmes ne sont pas entièrement causés par l'activité humaine, mais il est habituellement reconnu qu'elle en est responsable en grande partie; l'analyse des relations individus-environnement est donc nécessaire pour bien comprendre la problématique. Dans un premier temps, le rôle et la responsabilité des individus par rapport à ces problèmes sont précisés, illustrant la pertinence d'une approche psychologique pour les étudier. Des résultats de recherches effectuées sur la perception, les attitudes et les comportements reliés aux questions environnementales sont ensuite présentés. Enfin des implications que ces données entraînent pour la recherche et l'action sont exposées.

Pour traiter de responsabilité par rapport aux problèmes considérés, le point de vue bio-écologique mérite d'être présenté en premier. Il suggère que l'être humain est un organisme comme un autre dans l'éco-système qui utilise et manipule l'environnement pour survivre. Cependant il s'est libéré de l'emprise de la nature et a modifié ses rapports avec le milieu lors de changements de mode de vie (maîtrise de l'agriculture, industrialisation, urbanisation...). Cette partie de l'humain qui échappe à la nature est paradoxalement celle qui lui donne son identité, sa propre «nature». L'humanité se serait en quelque sorte hissée au sommet des systèmes écologiques, ce qui fait sa grandeur, mais qui multiplie aussi les risques qui la guettent.

Ces relations entre les individus et l'environnement s'inscrivent dans leurs cultures et sont influencées par elles. Des anthropologues suggèrent justement que le respect des cycles naturels varie en fonction des cultures: elles entretiendraient des rapports de domination, de subjugation ou d'harmonie avec le milieu. D'autres précisent que la plupart d'entre elles véhiculent une éthique de protection de l'environnement qui est actualisée différemment dans la réalité. La culture occidentale privilégierait une relation de domination de l'environnement en ayant une vision essentiellement utilisatrice de ce dernier. La tradition religieuse judéo-chrétienne qui considère l'humain comme une créature divine ayant droit de regard sur ce qui l'entoure aurait été déterminante dans l'établissement de ce rapport (Ittelson, Proshansky, Rivlin, Winkel, 1974; White, 1967).

Mais les problèmes écologiques dépassent les exigences biologiques d'agir sur la nature et ne sont pas uniquement déterminés par la culture: ils ont aussi une composante économique très importante. Ainsi toute activité dans l'environnement qui produit des outputs désirés engendre aussi des outputs non voulus que les économistes nomment « externalités » (*externalities*). Ils correspondent à l'écart entre les bénéfices et les coûts privés et sociaux d'une activité. La fabrication, l'utilisation et le rejet de produits qui détériorent directement ou indirectement l'environnement satisfont les besoins immédiats des individus et augmentent leurs bénéfices privés, mais provoquent un accroissement parallèle des coûts sociaux à long terme. La production et la consommation sont considérées, dans l'économie humaine, comme le début et la fin de toute activité plutôt que des étapes dans un cycle écologique. Cette dichotomie atteint des proportions telles que les processus naturels ne peuvent plus assurer l'équilibre écologique; ce mécanisme devra donc être assumé par les humains pour éviter que des processus malthusiens s'en chargent.

Il faut donc « intérioriser les externalités » en faisant assumer aux individus leur responsabilité écologique. Parce qu'ils sont les plus évolués sur l'échelle phylogénétique, les humains doivent se réintroduire dans l'écosystème comme acteurs conscients de leur influence et en tant qu'éléments régulateurs capables de gérer le milieu de façon responsable et dynamique, tout en conservant leur identité.

Les problèmes écologiques sont le symptôme d'une crise de comportements individuels et collectifs inadaptés; l'étude de ces conduites est donc nécessaire. Une analyse des attitudes et comportements individuels impliqués semble appropriée, puisque le système de production et de consommation est relié à la problématique et que l'individu en est manifestement la cible privilégiée. Cette approche est cependant complémentaire à celles qui insistent sur d'autres niveaux d'analyse (social, politique ou autre). En fait les approches individuelles et collectives sont interdépendantes pour comprendre et agir sur les problèmes écologiques. Ainsi une politique gouvernementale de conservation d'énergie n'est efficace que si les attitudes et comportements des citoyens l'appuient; de même des conduites d'économie d'énergie sont à toutes fins inutiles si elles sont pratiquées par des individus minoritaires. La même chose se produit avec le développement de technologies conçues pour régler ces problèmes si elles ne sont pas accompagnées de changements de comportements: les systèmes « anti-pollution » des automobiles sont inopérants si les individus les débranchent; cependant les gens peuvent difficilement économiser les ressources si la technologie mise à leur disposition ne le leur permet pas.

Il faut donc connaître ce que la population sait, pense et fait au sujet des problèmes écologiques, afin de modifier les comportements critiques et développer une responsabilité écologique, ce qui est du ressort de la psychologie de l'environnement. Les études sur le sujet sont récentes, les psychologues s'étant surtout intéressés à l'effet de l'environnement sur le comportement ou aux médiateurs dans la relation environnement-comportement; les problèmes écologiques ont surtout été définis comme des « stresseurs environnementaux » (le bruit, l'entassement) pour identifier les réactions individuelles qu'ils engendrent. L'étude de la responsabilité écologique nécessite une approche qui évalue des dimensions différentes, plutôt actives que réactives. La perception, l'évaluation des problèmes écologiques et les attitudes qui s'y rattachent, l'influence de facteurs de personnalité et situationnels par rapport à la problématique, l'analyse expérimentale des comportements pro et anti-écologiques sont des thèmes considérés en utilisant des approches inspirées de la psychologie sociale et de la personnalité ainsi que du behaviorisme skinnérien [3]. Quoique ces dimensions considérées insistent sur la composante active de relation entre l'individu et l'environnement, les processus réactifs sont aussi présents: les attitudes, par exemple, se forment en réponse à des objets ou des situations, mais dépendent aussi de facteurs perceptifs individuels. Il y a donc interaction entre l'action dans l'environnement et la réaction à celui-ci. En fait l'approche interactionniste en psychologie de l'environnement suggère que l'individu se situe dans son milieu selon ses besoins, attentes et compétences personnels en interaction avec les contraintes de l'environnement (physique et social) et tente d'atteindre ses buts de façon optimale en manipulant l'environnement et en étant manipulé par lui. Les interactions complexes entre l'individu et l'environnement, entre les facteurs de personnalité et situationnels, entre les attitudes et les comportements rendent difficile la présentation systématique des thèmes se rapportant à la problématique qui ont été mentionnés précédemment; l'ordre de présentation ne suggère aucune séquence particulière, puisqu'ils sont reliés entre eux. Il sera donc question successivement de la perception et de l'évaluation des problèmes écologiques, des attitudes, des facteurs psychologiques et situationnels et des comportements impliqués.

Ittelson et al. (1974) suggèrent que les individus prennent généralement leur environnement pour acquis et ont par conséquent peu de désir de le changer. Le comportement dans l'environnement étant, dans une certaine mesure, influencé par la prise de conscience du besoin de le modifier (qui est reliée à la compétence environnementale), il est pertinent d'étudier comment les problèmes écologiques sont perçus et évalués.

Cette prise de conscience d'une situation hors du champ optimal dépend des problèmes eux-mêmes et de facteurs individuels en interaction.

Selon Moos (1973) qui analyse les renforcements offerts dans des situations diverses, les environnements et les situations varient en termes de coût et de bénéfices psychologiques, sociaux et économiques qu'ils entraînent. Une activité dans un environnement peut fournir des récompenses (accomplissement, plaisir, reconnaissance sociale, argent) mais implique aussi des coûts (temps, dépense d'énergie, détérioration de l'environnement). L'évaluation d'un environnement ou d'une activité qui s'y déroule est donc faite en comparant les coûts et les bénéfices impliqués tout en évaluant les alternatives. Si les coûts perçus sont plus élevés que les bénéfices, il peut y avoir perception d'un problème; dans le cas inverse il y aura probablement adaptation à l'environnement ou à la situation. La personne habitant une ville polluée peut trouver la vie sociale et culturelle qui s'y déroule plus avantageuse que les désagréments causés par le bruit et l'air vicié et que l'alternative d'un déménagement en banlieue. Il est plus probable qu'elle s'adapte et ne perçoive pas de problème comparativement à l'individu qui trouve les coûts plus élevés que les bénéfices et à qui s'offrent des solutions de rechange.

L'évaluation des problèmes écologiques est donc dépendante de la perception que les individus en ont. La perception sensorielle peut donner des indices de dégradation de l'environnement; il est possible de voir et sentir certains polluants atmosphériques, tout comme d'être en contact sensoriel avec des environnements détériorés (déchets qui jonchent le sol, déversements pétroliers). Ce mode de perception n'est cependant pas toujours fidèle: d'une part les récepteurs s'adaptent en s'activant moins fréquemment après une exposition répétée à un même stimulus (les gens s'habituent, après une certaine période, à divers niveaux de bruit ou de pollution atmosphérique); d'autre part la majorité des problèmes écologiques échappent à la perception sensorielle (par exemple, la radioactivité, la diminution des ressources non renouvelables, le monoxyde de carbone produit par l'automobile ne peuvent pas être perçus par les sens).

La perception et l'évaluation de ces problèmes semble donc se dérouler principalement aux niveaux cognitif et affectif. Par conséquent elle dépendrait de l'information véhiculée sur le sujet par divers médias, comme du traitement de cette information résultant des valeurs, activités et expériences individuelles. Cette évaluation cognitive des problèmes considérés a principalement été approchée en utilisant l'enquête psychosociale comme méthode de recherche. Cependant la nature et la source des problèmes étudiés, les caractéristiques des individus et des communautés, la variation dans la construction des questionnaires et l'écart temporel entre les enquêtes limitent les comparaisons possibles.

Des revues de littérature faites sur le sujet (Antoine et Navarin, 1978; Lipsey, 1977; Stokols, 1978) suggèrent une prise de conscience grandissante de la population au sujet des problèmes écologiques. Dans des sondages d'opinion sur des problèmes sociaux, la pollution de l'environnement et les questions d'énergie sont identifiées comme importantes, mais généralement moins que le chômage et l'inflation. Malgré un niveau de connaissances assez faible sur ce sujet, les individus blâment généralement l'industrie, le gouvernement puis la population de causer les problèmes écologiques, en suggérant que les deux premiers sont d'abord responsables de les régler; ils s'attribuent une certaine responsabilité, qui diminue cependant dès que les exigences augmentent (Lipsey, 1977). Ils sont aussi très optimistes devant l'habileté des gouvernements, de l'industrie et de la technologie pour solutionner ces problèmes, sans qu'ils n'aient à s'impliquer individuellement.

Certains manifestent cependant plus d'intérêt ou d'inquiétude que les autres. Cela se traduit au niveau de leurs attitudes, définies comme une tendance à évaluer un objet ou une idée de façon positive ou négative. Cette composante, principalement affective, comprend aussi des dimensions cognitives et de comportement.

La formation de ces attitudes implique des principes d'apprentissage comme le conditionnement classique, le conditionnement opérant et l'apprentissage social. Ainsi une attitude favorable ou défavorable par rapport à l'environnement peut être apprise par association avec des milieux agréables ou désagréables qui provoque une réponse conditionnée, conformément aux principes du conditionnement classique. Dans l'optique du conditionnement opérant les attitudes sont instrumentales dans la mesure où le fait d'en détenir peut entraîner des conséquences positives ou négatives: l'attitude qui va être renforcée va être maintenue et va augmenter, tandis que celle qui est punie ou ignorée va avoir tendance à diminuer. Des enfants élevés dans des familles qui récompensent la protection de la nature vont vraisemblablement développer plus d'attitudes pro-écologiques. Enfin les attitudes se forment aussi par apprentissage social. Si un modèle est récompensé ou puni parce qu'il implique une attitude particulière, il est probable que l'attitude qui va se développer va aller dans le sens de celle du modèle dans le premier cas, et dans le sens inverse dans le deuxième cas. Le fait de voir, dans un message télévisé, une personne qui est récompensée parce qu'elle économise l'énergie peut faire surgir une attitude qui va dans le même sens chez le spectateur.

L'attitude générale par rapport aux problèmes écologiques est définie comme la préoccupation écologique. Maloney, Ward et Braucht (1975) ont construit un questionnaire qui mesure ce concept, en tenant compte de dimensions cognitives, affectives et de comportement. D'autres chercheurs mesurent aussi des opinions, l'inquiétude, les intentions ou les comportements des individus.

Les résultats suggèrent que ceux qui sont préoccupés par les problèmes écologiques sont plus jeunes, plus instruits, de niveau socio-économique supérieur, plus compétents politiquement et habitent plus souvent un milieu urbain que ceux qui ne le sont pas. Cependant les relations entre ces caractéristiques sont complexes et dépendent de plusieurs facteurs. Ainsi les individus de niveau socio-économique élevé habitent souvent des milieux moins pollués et sont moins portés à être préoccupés par ces problèmes que ceux qui sont de niveau socio-économique moins élevé et qui résident dans des milieux plus densément peuplés et plus détériorés; mais parmi les gens qui habitent les milieux pollués, les plus préoccupés sont habituellement de niveau socio-économique supérieur. Les moins bien nantis ont probablement des besoins plus essentiels à satisfaire ou se sentent impuissants pour combattre ces problèmes; un intérêt différent et une impuissance apprise influenceraient leurs attitudes. D'autres groupes perçoivent la problématique de façon particulière: des hommes d'affaires (Constantini et Hanf, 1972) et des travailleurs d'une industrie polluante (Lipsey, 1977) sont moins préoccupés que les autres à cause de leurs activités et de leur évaluation des coûts et bénéfices impliqués (en fait il est suggéré qu'ils réduisent la dissonance cognitive en niant le problème).

Des traits de personnalité sont aussi reliés à la préoccupation écologique. McKechnie (1974) a mis au point un inventaire de dispositions par rapport à l'environnement qui suggère que ceux se préoccupant d'écologie ont une orientation particulière et conçoivent peu le milieu en des termes utilitaristes. D'autres tentent d'identifier les traits de personnalité des individus qui agissent comme citoyens ou consommateurs écologiquement conscients (Anderson et Cunnigham, 1972; Borden et Francis, 1978; Kinnear, Taylor et Ahmed, 1974; Mac Guiness, Jones et Cole, 1977; Tucker, 1978; Webster, 1975). Les résultats suggèrent qu'ils sont plus mûrs, responsables et adaptés socialement (malgré un certain non-conformisme) que ceux qui n'agissent pas comme eux; ils sont cependant peu nombreux (Coquiolay, 1976).

La notion de responsabilité a particulièrement été explorée, puisque le projet écologiste peut être défini comme celui de l'accomplissement de la responsabilité sociale. Toute décision et tout comportement qui ont un effet sur le milieu et sur le bien-être de la communauté sont évalués d'après les conséquences qu'ils entraînent en relation avec les normes de la culture. La décision ou le comportement sont définis comme moraux quand ils sont pris par un agent responsable, c'est-à-dire qui agit en toute connaissance de cause. En somme, un individu se sent responsable quand il est conscient des répercussions de ses actions, s'attribue le blâme pour leurs conséquences, identifie d'autres alternatives ayant moins de répercussions négatives, conformément à une norme définissant des comportements appropriés. Le sentiment de responsabilité dépend du stade de développement moral de l'individu et de facteurs situationnels: l'individu se sent responsable s'il n'y a personne d'autre sur qui jeter le blâme et s'il sent avoir une liberté de choix, c'est-à-dire si les contraintes de rôle, la coercition ou le manque d'alternatives ne l'obligent pas à se comporter d'une façon et à restructurer psychologiquement la situation.

Heberlein (1972) trouve que les piétons qui connaissent les conséquences sur l'environnement des déchets jetés par terre et qui s'attribuent la responsabilité pour ce geste sont moins portés à le faire et agissent en respectant la norme plutôt que de façon plus immédiatement rentable [4].

Le lieu de contrôle est aussi relié à la responsabilité écologique. Cette notion est basée sur la théorie de l'apprentissage social de Rotter (1966) qui suggère que l'effet du renforcement sur le comportement dépend en partie du fait que la personne perçoit ou non un lien causal entre son comportement et son résultat. Trigg, Perlman, Perry et Janisse (1976) suggèrent que ceux qui ont un lieu de contrôle interne (c'est-à-dire qui croient contrôler leur destinée) sont généralement mieux informés sur l'écologie que ceux qui ont un lieu de contrôle externe (qui se sentent contrôlés de l'extérieur) et sont impliqués davantage dans des activités écologiques, mais uniquement dans la mesure où ils sont optimistes quant au degré de pollution qui prévaudra dans 30 ans. Arbuthnot (1977), Borden et Francis (1978) et Tucker (1978) obtiennent des résultats semblables. Toutefois, Levenson (1974) trouve que les individus percevant le moins adéquatement les problèmes écologiques sont généralement peu impliqués et croient qu'ils vont être facilement résolus; ceux qui connaissent mieux la problématique estiment qu'il n'existe pas de solution facile et rapide.

Les données présentées jusqu'ici se réfèrent principalement à des dimensions cognitives et affectives, avec l'hypothèse implicite qu'elles ont un lien avec le comportement, celui-ci ayant été identifié comme un facteur critique par rapport aux problèmes étudiés. Il convient de s'interroger sur les liens qui existent entre d'une part la perception, l'évaluation, les attitudes et les traits de personnalité et d'autre part le comportement. La préoccupation par rapport aux problèmes environnementaux a-t-elle un effet sur la composante comportementale de la responsabilité écologique ?

Les psychologues sociaux laissent entendre depuis quelques années que les dimensions cognitives et affectives sont souvent non cohérentes avec le comportement. O'Riordan (1976), dans une revue de littérature sur les relations entre les attitudes et les comportements par rapport aux problèmes écologiques, arrive à une conclusion similaire : la relation est habituellement faible. La majorité des gens se disent préoccupés par la qualité de l'environnement quand on le leur demande, mais agissent rarement en conséquence.

Cet écart peut s'expliquer de diverses façons. Certains suggèrent qu'il est dû à des mesures d'attitudes inadéquates. Les estimations pourraient n'être pas assez précises : il est alors proposé d'augmenter la spécificité des critères en évaluant des dimensions cognitives et affectives directement reliées aux comportements considérés. D'autres, en soulignant que l'accès aux niveaux cognitif et affectif d'un individu est difficile, laissent entendre que l'expression d'une attitude dans une situation de recherche peut refléter beaucoup de désirabilité sociale en laissant croire à une préoccupation écologique [5].

Les individus peuvent détenir des organisations cognitives qui ne sont pas nécessairement cohérentes entre elles, et O'Riordan (1976) suggère que la connaissance de l'ensemble des attitudes d'une personne par rapport à un thème particulier peut permettre de mieux « prédire » le comportement. Selon lui les chercheurs isolent souvent une dimension cognitive chez les individus en pensant qu'elle influence leur comportement, alors qu'elle est non pertinente et périphérique ; des objectifs de protection de l'environnement étant inconciliables avec d'autres buts, opinion et attitudes, l'incompatibilité donne l'impression d'une incohérence. La personne qui a une attitude positive envers l'économie d'énergie mais qui croit que la crise du pétrole a été provoquée par des compagnies qui ont accumulé d'importants bénéfices, peut ne pas se comporter de façon cohérente avec sa première attitude à cause du conflit présent.

Il est aussi possible d'expliquer l'écart entre les attitudes et le comportement en suggérant que les individus n'ont peut-être pas les compétences permettant de traduire leurs intentions en comportements; la préoccupation écologique les mobiliserait, mais elles ne savent pas comment franchir le « seuil comportemental ». Les variables médiates, comme des facteurs de personnalité et situationnels, doivent donc être considérées dans la relation attitude-comportement; la combinaison des facteurs (attitudes, compétences, valeurs, normes morales et sociales) en relation avec les contraintes du milieu permettrait d'accéder aux intentions afin de prévoir le comportement.

Enfin Ittelson et al. (1974) suggèrent que les systèmes psychologiques et de comportement sont relativement indépendants; ce qui est exprimé pour traduire des attitudes, des valeurs ou des opinions ne serait pas nécessairement relié au comportement.

A la lumière des considérations précédentes, les facteurs cognitifs et affectifs semblent surtout avoir des rapports conceptuels avec les problèmes écologiques. Or il est nécessaire d'en identifier qui soient plus fonctionnels, ce qui est possible en étudiant directement le comportement. L'analyse opérante qui utilise l'approche théorique et méthodologique du behaviorisme skinnérien convient à cette démarche.

Elle suggère essentiellement que le comportement est contrôlé par ses conséquences immédiates. Il a tendance à être répété quand il est suivi de conséquences agréables, tandis que l'inverse se produit s'il occasionne un effet désagréable. Le renforcement, la punition et l'extinction sont importants dans sa production.

Les conséquences immédiates ont un effet plus puissant sur le comportement que les conséquences différées. Or dans les problèmes écologiques causés par les individus, les effets à court terme sont habituellement renforçants, tandis que les effets à long terme (« externalités ») sont ceux qui peuvent être aversifs : ces contingences expliquent la production de tels comportements. Ainsi les avantages individuels immédiats de l'usage de l'automobile (autonomie, rapidité) ont probablement une plus grande importance sur la décision d'un individu d'utiliser ce mode de transport que les désagréments sociaux à long terme (accidents, pollution de l'air, détérioration du tissu urbain). Les coûts et les bénéfices sont donc importants dans la décision d'effectuer ou non un comportement.

L'analyse expérimentale des comportements nécessite de les distinguer pour les comprendre et agir sur eux. Par rapport à la problématique étudiée, il est possible d'identifier deux catégories : les comportements pro-écologiques (conserver l'énergie, acheter des produits non polluants, ramasser des déchets, participer au recyclage, etc.) et les comportements anti-écologiques (gaspiller l'énergie et les ressources, acheter des produits qui détériorent la qualité du milieu, etc.). Les comportements pro-écologiques ne sont pas souvent produits parce qu'ils sont peu renforcés, les coûts étant supérieurs aux avantages. Ceux qui participent au recyclage de déchets, par exemple, y trouvent peut-être une satisfaction personnelle (monétaire ou psychologique) supérieure à l'effort demandé. A l'inverse, il est souvent peu avantageux pour un industriel de faire installer des systèmes anti-pollution dans son usine, ce qu'il ne fera pas à moins d'y être forcé : plusieurs comportements anti-écologiques sont contrôlés par des punitions (normes, lois) [6]. Ces derniers sont aussi renforcés négativement parce qu'ils permettent de se débarrasser de stimuli aversifs : jeter un papier par terre risque d'être répété s'il entraîne plus d'avantages (se débarrasser d'un objet agaçant) que des coûts (garder le déchet pour le jeter dans un endroit approprié, transgresser la norme sociale). Et, puisque ces comportements pro et anti-écologiques sont contrôlés par leurs conséquences, ils sont soumis à l'extinction quand les renforcements ou les punitions sont supprimés : la personne qui participe au recyclage pour des raisons monétaires risque de se désengager si les récompenses diminuent.

Cone et Hayes (1980) et Tuso et Geller (1976) recensent les recherches qui utilisent l'approche behaviorale. En plus d'identifier les conditions environnementales (antécédents et conséquences) associées aux comportements pro et anti-écologiques, elle permet d'évaluer les interventions effectuées pour augmenter les premiers et réduire les seconds. Les stratégies basées sur les conséquences du comportement (comme renforcer un comportement approprié) semblent plus efficaces que celles qui s'appuient sur leurs antécédents (comme informer sur les comportements appropriés). Ainsi les récompenses monétaires sont généralement les moyens les plus puissants pour encourager les comportements pro-écologiques, la rétroaction a un effet modéré et la diffusion d'informations est peu efficace. Certaines punitions reliées à des normes sociales (comme des indications sur des comportements non convenables) réduisent des comportements anti-écologiques. Les programmes de renforcement ou de punition intermittents sont à peu près aussi efficaces que ceux qui sont continus, et la combinaison de plusieurs stratégies semble nettement plus efficiente que l'utilisation d'approches isolées.

Puisque les comportements sont dépendants des conditions environnementales, ils reviennent généralement au niveau de base lorsque l'intervention cesse : l'approche behaviorale semble donc efficace à court terme. Certains proposent cependant que les attitudes découlent du comportement et suggèrent d'orienter les gens vers les conduites écologiques tout en organisant une campagne d'information appropriée afin qu'ils restructurent leurs attitudes selon les principes de consonance cognitive. Les données sur le sujet infirment habituellement cette hypothèse et laissent plutôt croire que les comportements sont dépendants des renforcements et punitions appliqués. Il est possible que les individus réagissent à la restriction dans leur liberté de choix par une résistance psychologique au changement. Mais il faut aussi considérer que les interventions sont souvent de courte durée et ne provoquent pas de changements permanents dans les valeurs, attitudes et mode de vie des individus. Dans le cas de la crise du pétrole de 1973-1974 où ont eu lieu des changements dans les contingences environnementales (prix et disponibilité de l'énergie), plusieurs ont accepté de réduire leur consommation (même s'ils ne l'ont pas fait de façon substantielle) mais une faible minorité était prête à le faire de façon permanente; les gens se sont adaptés rapidement aux nouveaux tarifs, tout en dépensant autant d'énergie qu'auparavant (O'Riordan, 1976 et Stokols, 1978).

La plupart des actions entreprises pour réduire les problèmes écologiques sont élaborées à partir de données intuitives. Ainsi diverses approches d'éducation à l'environnement visent à changer les attitudes des gens soit en les effrayant avec les dangers possibles des problèmes écologiques, soit en postulant qu'ils manquent d'information pour agir et en les instruisant sur le sujet[7]. Or, ces dimensions affectives et cognitives visées par ces interventions ont souvent peu de rapport avec le comportement, comme mentionné précédemment. Même les changements d'attitudes présumés ne sont souvent pas évalués: une approche plus scientifique est nécessaire.

L'ensemble des données présentées jusqu'ici peuvent s'inscrire dans une démarche de recherche-action où les deux composantes s'inter-influencent et qui est privilégiée en psychologie de l'environnement.

La responsabilité écologique a été analysée en considérant les relations multiples et complexes entre les individus et les conditions environnementales. La qualité de l'environnement influence l'individu qui la perçoit et l'évalue activement; son activité dans le milieu est contrôlée par ses conséquences qui sont elles-mêmes partiellement déterminées par les contraintes physiques et sociales du milieu ainsi que par les compétences, valeurs, normes et activités de l'individu. La perception et l'évaluation des problèmes écologiques interagissent donc avec les comportements pro et anti-écologiques.

La notion de coûts et de bénéfices est particulièrement importante dans le processus, tant au plan objectif que subjectif. Il semble plus facile et moins coûteux pour la majorité des individus de s'adapter aux problèmes écologiques que de changer d'habitudes de vie, puisque les avantages des conduites sont immédiats et les désavantages souvent différés, non perçus et partagés. Malgré ses coûts non perçus, cette adaptation modifie le quotient coûts/bénéfices et augmente la résistance au changement. Ce niveau d'adaptation peut être modifié dans des situations particulières (lors d'un déversement pétrolier par exemple) parce que les coûts sont alors perçus supérieurs. Cela permet aussi d'expliquer pourquoi certains segments de la population, en particulier les plus favorisés socio-économiquement, manifestent une préoccupation et une responsabilité plus élevée par rapport à ces problèmes : la valeur de leurs possessions est touchée par la détérioration de l'environnement et ils peuvent modifier leur comportement sans trop de désavantages. Paradoxalement ils sont ceux qui produisent le plus de problèmes écologiques à cause de leur consommation élevée d'énergie et de ressources.

Il apparaît pertinent de faire assumer les coûts par ceux qui en sont responsables et qui retirent les bénéfices des activités qui les produisent, ce qui n'arrive pas souvent. Les industries paient rarement pour les « externalités » qu'elles engendrent (déchets, maladies industrielles, pollutions); de même le consommateur n'endosse généralement pas les coûts de ses activités, puisque la société le fait : l'automobiliste ne paie pas directement pour les routes qu'il utilise et pour la pollution de l'air qu'il produit, le citoyen étant celui qui les prend en charge.

Une identification et une diffusion des coûts et bénéfices impliqués dans chaque activité, particulièrement celles qui causent plus de problèmes écologiques, sont nécessaires : en effet plusieurs ne connaissent probablement pas les répercussions à long terme de leurs comportements et ne peuvent pas agir en toute connaissance de cause. Un certain nombre de comportements causant des problèmes de détérioration de l'environnement sont souvent contrôlés par des mécanismes punitifs qui ne rendent pas les coûts supérieurs aux avantages et ont, par conséquent, tendance à être répétés : il est nécessaire de rendre les avantages de la transgression de la norme inférieurs aux coûts. Mais il est pertinent aussi de tenter d'inciter les comportements pro-écologiques avec des renforcements puisque ceux-ci ont généralement des conséquences à long terme plus avantageuses que les punitions.

En somme, pour augmenter la responsabilité écologique et réduire les problèmes causés par les individus, la relation entre les coûts et les bénéfices doit être utilisée; il est nécessaire d'intervenir au niveau des conditions environnementales qui sont évaluées en présentant des alternatives et en les rendant valables, tout comme au niveau de la perception de l'individu qui évalue. Pour cela la recherche-action doit être interactionniste et globale, à cause de la problématique complexe.

L'interactionnisme entre l'individu et l'environnement a été souligné à maintes reprises: il est avantageux, pour étudier les problèmes écologiques, de relier la perspective opérante (antécédents et conséquences du comportement) à celle de la psychologie sociale (évaluation de l'environnement, attitudes) et de la psychologie écologique (interaction des traits et des situations). L'intervention au niveau de l'individu peut se faire avec une approche éducative qui vise à changer les valeurs, attitudes, normes et développer les compétences pour résoudre des problèmes. Il serait pertinent de comprendre comment les enfants développent leurs attitudes et comportements par rapport à l'écologie, puisque l'intervention éducative semble efficace avec eux. Les conditions environnementales peuvent aussi être modifiées, pour changer les comportements à court terme. L'étude de ces conditions permet une évaluation systématique des interventions pratiquées: la meilleure solution semble être la combinaison d'une éducation centrée sur le comportement, de rétroaction et de renforcement du comportement.

Enfin la recherche-action doit s'inscrire dans une perspective globale. Des interventions trop étroitement définies peuvent provoquer des effets contre-intuitifs: il est arrivé qu'elles ont fait augmenter la production de déchets, alors qu'elles visaient à faire participer les gens au recyclage en les payant pour les rebuts apportés. Willems (1974) propose de concevoir ces actions de façon plus écologique. Aussi l'approche doit être communautaire: les réseaux sociaux peuvent être utilisés pour planifier le changement et il est nécessaire d'adapter les stratégies aux buts, préférences et capacités des groupes communautaires particuliers.

L'approche globale implique aussi d'autres niveaux d'intervention. Comme il a été spécifié au début, les comportements et attitudes individuels ne sont qu'une dimension de la problématique. Les structures sociales, politiques et économiques, les systèmes normatifs et légaux, de même que la science et la technologie sont à réviser. Une participation des citoyens aux décisions qui concernent leur environnement, un système économique qui « intériorise les externalités », la possibilité de recycler et réutiliser les matières premières, la création de transports en commun plus efficaces et le développement de technologies douces sont aussi nécessaires que des changements de valeurs, d'attitudes et de comportements individuels. L'intervention à un seul de ces niveaux serait inutile.

En conclusion une perspective de recherche-action qui utilise des approches de psychologie sociale et de behaviorisme pouvant éventuellement s'intégrer dans une psychologie écologique convient assurément pour étudier les problèmes écologiques et leur trouver des solutions.

Chapitre II
Les processus psycho-sociaux sous-jacents

Section 1
Perception et représentation de
l'environnement[8]

Chacun sait combien la perception constitue un thème classique de la psychologie et a servi de porte d'entrée dans le domaine de l'environnement pour le psychologue. Par ailleurs, les dimensions perceptives sont assurément des variables fondamentales dont dépendent, selon Ittelson, l'existence tant culturelle qu'individuelle de l'homme. L'écologiste Dansereau considère la perception comme une position de levier dans l'écosystème, la qualité visuelle du milieu constituant un facteur important d'adaptation.

On se rappelle qu'au départ, la perception était abordée dans une perspective structuraliste avant que ne se produise une réaction gestaltiste. Cependant, l'étude véritable de la perception de l'environnement ne s'est développée que tardivement parce que cette perspective refuse la dichotomie entre les deux objets: l'homme et l'environnement. Pour Ittelson et al., s'il y a objet, il faut nécessairement qu'il y ait sujet. Mais l'on ne peut être sujet de l'environnement, on ne peut en être que participant. Parce que la distinction entre le soi et le non-soi est impossible, l'environnement nous enveloppant totalement, il convient d'étudier les multiples transactions survenant simultanément entre l'homme et son cadre de vie.

Selon Ittelson et ses collègues, la perception, les dimensions cognitives et autres processus psychiques fonctionnent ensemble au point qu'il n'est pas indiqué de traiter ces processus indépendamment les uns des autres. Le système « cognitif perceptuel » est donc conçu comme un sous-système d'un système plus global que constitue le processus de traitement de l'information.

Cependant, Downs et Stea ont proposé une distinction entre perception et dimension cognitive. La perception concerne un processus suscité par la présence d'un objet et dont résulte la saisie immédiate de l'objet par un ou plusieurs des sens. La perception serait donc reliée étroitement aux événements de l'entourage immédiat. La dimension cognitive, par contre, manifeste une référence sensorielle moins directe et peut se définir comme un terme général englobant perception, résolution de problèmes et organisation de l'information.

Deux problèmes ont surtout retenu l'attention des chercheurs jusqu'ici. Tout d'abord, c'est l'aspect formel de la perception, le contenu et l'organisation des éléments perçus de l'environnement qui suscitent des travaux. Plus récemment, le développement de la capacité perceptive et cognitive, lié à la formation des représentations, est étudié dans une perspective génétique.

Avant de passer à la définition de quelques concepts fondamentaux, il est peut-être utile de mentionner les huit postulats proposés par Ittelson et al. au sujet des transactions entre l'homme et l'environnement :

1. L'expérience de l'environnement est vécue de manière globale. C'est l'ensemble des stimuli, la complexité de l'aménagement physique qui doivent être considérés pour étudier l'influence de l'environnement sur le comportement.

2. L'homme est une composante de l'environnement et sa relation avec le cadre de vie est dynamique. Chacun se caractérise par des propriétés « environnementales » spécifiques.

3. Tout environnement physique est en même temps un système social, et chacun réagit à l'environnement en fonction de son rôle comme acteur social.

4. L'environnement physique exerce une influence sur le comportement en fonction du type d'expérience concernée. Plus celle-ci est complexe, plus grande est la variété des facteurs d'influence. Dans ce cas, l'environnement physique sera donc moins important.

5. Dans maints contextes, l'environnement agit sous le seuil de perception. C'est dire que les effets subliminaux sont fréquents.

6. Il peut exister une différence considérable entre l'environnement objectif et l'environnement perçu. Depuis longtemps, on connaît les facteurs de distorsion qui opèrent en fonction de la personnalité, l'origine ethnique ou même l'humeur du moment.

7. L'environnement est appris et intégré comme une série d'images mentales. L'être humain développe des représentations sélectives de son quartier, de sa ville, des trajets qu'il emprunte habituellement. Celles-ci influencent la manière dont il utilise et ressent l'environnement quotidien. L'élaboration de cette structure cognitive permet d'utiliser le cadre de vie en structurant et codant l'environnement perçu. C'est l'environnement internalisé qui donne forme en quelque sorte au monde visible.

8. L'homme confère à l'environnement une valeur symbolique. Entre la réalité et lui-même, il élabore un environnement symbolique également modelé par son héritage culturel.

A. *Définition des concepts fondamentaux*

Les concepts-clés de la représentation de l'environnement sont centrés sur l'environnement géographique et sur l'environnement comportemental. Dans une perspective écologique, cette distinction est établie surtout pour des raisons pratiques puisque les environnements objectifs et subjectifs sont intimement reliés.

1. Les notions relatives à l'environnement géographique

A ce propos, les auteurs parlent d'environnement, de paysage et d'espace. Selon Altman et Chemers, l'environnement inclut les aspects physiques des environnements naturels (paysages sauvages) et le cadre bâti (villes, maisons, routes).

Trois niveaux peuvent être distingués :
1. le micro-environnement : l'espace personnel ou le territoire propre à la personne ou à un groupe ;
2. le méso-environnement : les maisons, l'unité de voisinage, le quartier ;
3. le macro-environnement : la ville, la communauté urbaine, la région.

De manière très large, Bailly définit le paysage comme ce qui s'étudie par les méthodes des sciences de la terre et des sciences humaines. Par extension, on peut parler de paysage urbain. Le terme « espace réel » correspond au paysage objectif. L'espace d'usage correspond à la notion de cadre de vie et concerne la partie de l'espace réel dans laquelle vit la personne.

2. Les notions relatives à la représentation mentale

Dans la littérature, il est fréquent de trouver les termes « paysage et espace » utilisés dans un sens qui se rapporte davantage à la représentation qu'à l'environnement géographique. Rochefort définit le paysage subjectif comme l'idée que l'on a du paysage, et Dansereau utilise le terme de paysage intérieur pour désigner le paysage que l'on porte en soi.

Selon Bailly, l'espace représenté devient espace perçu, c'est-à-dire ce qui est vu, entendu et senti dans le cadre de vie, ou encore espace vécu. Bertrand note que l'espace perçu est généralement plus vaste que l'espace vécu qui est, d'après lui, le rapport des enseignements aux utilisations. Néanmoins, la plupart des notions utilisées dans le domaine dérivent du concept de la cartographie cognitive auquel il est peut-être utile de s'arrêter.

On se souvient que, dès 1948, Tolman suggérait que l'apprentissage des rats dans un labyrinthe s'explique, non pas par des connexions stimulus-réponse, mais davantage par une organisation d'éléments dans le système nerveux. Tolman comparait cette organisation d'éléments à une carte cognitive, et c'est ainsi que la cartographie cognitive est née. C'est donc le processus composé de séries de transformations psychologiques par lesquelles une personne code et emmagasine l'information ayant trait aux positions relatives et aux qualités des phénomènes se déroulant dans son cadre de vie.

Pour Harrison et Sarre, cette information concerne aussi bien des caractéristiques physiques (maisons, places) que des traits subjectifs (atmosphère d'un quartier, d'un parc). Selon Downs et Stea, la carte cognitive est le produit du processus de cartographie cognitive et à la base des décisions concernant toute stratégie de comportement spatial.

Le terme est utilisé par analogie avec la carte géographique et en possède les fonctions, sans en avoir les propriétés graphiques. Ceci n'implique pas que l'information de l'environnement soit subjectivement représentée comme une carte géographique, selon Altman et Chemers. Pour Porteous, la carte cognitive d'un lieu est l'image interne que l'homme se fait de ce lieu. Elle constitue un moyen fonctionnel d'organiser les informations de l'environnement. Grâce à elle, l'homme est capable de s'orienter dans la ville et de s'en faire une idée globale approximative. Les chercheurs ont souvent eu recours à la technique de la carte dessinée pour étudier la carte cognitive. Dans la littérature, une confusion apparaît ainsi entre la carte cognitive, représentation mentale, et la carte dessinée, représentation graphique. Par exemple, Hart et Moore associent la carte cognitive et la cartographie cognitive à des représentations, sous forme de cartes, des sites géographiques ou des environnements à grande échelle. Dans leurs travaux, ils utilisent, pour désigner la représentation interne, les termes généraux de la psychologie génétique : connaissance spatiale et représentation cognitive. Ils font également remarquer que cette distinction permet la différenciation entre points de vue des psychologues du développement et ceux qui s'intéressent à la perception des grands environnements. Hart et Moore désignent ainsi ce que d'autres appellent la carte cognitive et, pour eux, la représentation cognitive est un reflet internalisé et la reconstruction de l'espace dans la pensée. Altman et Chemers mentionnent que les termes représentation cognitive ou perceptive sont moins équivoques parce qu'ils n'impliquent aucune référence à des concepts particuliers. D'autres auteurs, comme Beck, Wood et Milgram, utilisent l'expression carte mentale. A l'origine, ce terme de carte mentale désigne, pour Gould et White, une carte préparée par le chercheur où les préférences géographiques d'une personne, ou d'un échantillon de sujets, sont présentées sous forme d'isobares.

L'image est un autre terme fréquemment utilisé. Boulding associe une connaissance subjective à l'image, et pour lui, l'action est fonction de l'image qu'on se fait du monde. Dans leurs travaux sur la perception du paysage, Bailly, Francescato, Harrison et Lynch utilisent le terme image comme équivalent de représentation mentale. Par contre, Altman et Chemers considèrent que l'image est trop étroitement reliée à la perception visuelle pour rendre compte d'un phénomène impliquant toutes les modalités perceptives.

Milgram apporte un autre synonyme : la carte psychologique. La carte psychologique d'une ville est l'image que la personne a en tête : les rues, les quartiers, les squares, ainsi que la façon dont ils sont reliés entre eux et investis affectivement. L'expression a au moins l'avantage de lever l'ambiguïté entre représentations externe et interne de l'environnement. L'adjectif psychologique indique bien que ce sont les processus internes, donc la représentation interne qui est considérée.

B. *Les facteurs influençant la représentation de l'environnement*

On peut regrouper les facteurs exerçant une influence sur la représentation interne en deux catégories générales : la première reliée à l'environnement physique et la seconde reliée à la personne qui observe. Cette distinction est proposée uniquement pour des raisons pratiques, l'environnement incluant en fait l'homme et les composantes matérielles. Les recherches portant sur les variables en question mettent l'accent sur l'un ou l'autre type de dimensions.

Appleyard a dégagé cinq attributs principaux des immeubles qui permettent de les identifier et de s'en souvenir. Il s'agit du mouvement (le taux d'activité autour de l'immeuble), de l'«imagibilité» (définie par la taille et d'autres caractéristiques de conception), de la visibilité (définie en rapport avec l'utilisation dans les activités personnelles), de la signification culturelle et de la singularité de la forme. Ces attributs ne sont pas purement physiques, car ils sont reliés à une pratique sociale. Lynch a montré comment certains éléments du cadre urbain ont plus tendance que d'autres à être imprimés dans la perception et la mémoire.

Metton suppose l'existence d'un filtre qui s'intercale entre l'observateur et l'espace environnant. Il a été établi que plusieurs variables influencent la représentation de l'environnement et elles seront présentées, regroupées en trois catégories : les variables relatives à l'expérience de l'environnement, à des facteurs sociaux et les variables personnelles.

1. Variables relatives à l'expérience de l'environnement

Il est évident que l'expérience qu'une personne a d'un environnement influence la représentation qu'elle s'en fait. Les lieux qu'elle connaît le mieux sont ceux qui lui rappellent une expérience investie ou nécessaire.

a) *Le lieu de naissance*

Dans leur étude comparative de Rome et Milan, Francescato et Mebane constatent qu'à Milan le nombre d'éléments dessinés par les Milanais de naissance est supérieur à celui de ceux qui ne le sont pas. Le résultat va dans l'autre sens pour les Romains. Cependant, dans les deux cités, ceux qui ne sont pas nés dans la ville dessinent des voies en direction de l'extérieur, alors que les autres concentrent leur croquis dans le centre urbain.

Les natifs d'une ville l'aiment-ils davantage ? Lui trouvent-ils plus d'agréments, ont-ils moins tendance à inclure des éléments associés à l'évasion vers la mer ou la montagne ? Ce sont les hypothèses émises par Francescato et Mebane, qui affirment que les natifs ont une connaissance plus riche et individualisée de leur ville. En effet, ils dessinent une plus grande variété d'éléments en fonction des catégories de Lynch.

Beck montre que les gens qui ont vécu entre trois et sept ans produisent de meilleures représentations que ceux qui sont nés sur place (quinze ans et plus de résidence) et que ceux qui viennent de s'installer (trois ans et moins).

Pour expliquer la différence de ces résultats avec ceux de Francescato et Mebane, il faut peut-être penser aux critères différents utilisés pour distinguer ici les natifs, des résidents de moyenne date et des nouveaux venus. Selon Milgram, la plupart des grandes métropoles ne reproduisent pas leurs populations et c'est l'afflux de résidents d'autres origines qui maintient ou développe le nombre de citadins. Il est donc peut-être important de se tourner vers une autre dimension connexe : la durée de résidence.

b) *Durée de résidence*

Dans une recherche portant sur la carte cognitive de Montréal, Beck et al. trouvent que les résidents de longue date produisent de meilleures cartes dessinées que les nouveaux venus ou les touristes de passage. Ces chercheurs ont montré qu'une durée de résidence longue coïncide avec une meilleure performance de contenu et de véridicité. La performance de contenu est mesurée par le nombre de détails produits et celle de véridicité réfère à l'exactitude des noms et localisations des éléments sur les cartes.

Beck et Wood expliquent que lorsqu'un résident de longue date dessine sa ville, il le fait à partir de plusieurs schémas coordonnés entre eux et acquis sur une longue période de temps. Il est, en somme, logique que plus longue est la durée de résidence, plus grandes sont l'étendue et la fréquence de l'exposition à la ville. Par ailleurs, Milgram envisage une autre facette : l'influence de la durée de résidence sur le style d'observations faites par le sujet interrogé. Tout se passe comme si le citadin doit nécessairement rejeter certaines stimulations qui sont prégnantes pour le nouveau venu ou le touriste. Ce processus sélectif ferait partie du mécanisme développé par le résident d'un cadre urbain pour s'adapter à la « sur-stimulation » (overload) caractéristique de ce genre de milieu.

c) *Mobilité résidentielle*

Une grande mobilité résidentielle permet au citadin de faire l'apprentissage de sa ville à partir de plusieurs points de référence. Par contre, le nouveau venu doit organiser sa connaissance spatiale à partir d'une origine unique : son hôtel par exemple. Beck et Wood relient d'ailleurs mobilité résidentielle et durée de résidence, étant donné que la probabilité du résident de longue date d'avoir habité plusieurs quartiers est plus élevée. Il est possible cependant que la mobilité apporte une expérience singulière et différente de la durée de résidence. Gould et White ont constaté que la représentation des zones qui jouxtent la résidence est naturellement plus différenciée et précise. Un autre élément qu'il convient de mentionner, c'est le rôle joué par le lieu de travail, et ceci nous fait prendre en considération une autre variable : le mode de transport.

d) *Mode de transport*

Beck et al. ont montré que les cartes produites par les automobilistes de Montréal étaient les meilleures, alors que celles des piétons étaient les moins bonnes. Les usagers des transports en commun obtiennent des résultats moyens; pour les usagers du métro, ce sont eux qui produisent les cartes les plus complètes des rues jouxtant les lignes du métro. Les comportements suscités par les différents modes de transport varient donc et ceci résulterait de l'interaction entre niveau d'attention du sujet et stimulation de la situation environnementale. Ainsi, les automobilistes, jouissant d'une plus grande mobilité, voyageraient en ville, selon un schème géographique, et devraient être plus attentifs aux noms de rue ainsi qu'aux éléments de signalisation.

Pour Bailly, le conducteur de voiture enregistre des ensembles généraux, alors que le piéton remarque des détails visuels. D'autre part, le système de signalisation est placé en fonction du champ de vision de l'automobiliste, ce qui facilite aussi des déplacements rapides. Il est donc nécessaire, dans ce cas, de lire les signaux à distance, alors qu'en autobus, l'attention peut se concentrer sur les arrêts par exemple. Quant au piéton, il peut être davantage attentif aux façades des édifices qu'aux caractéristiques du réseau routier.

Selon Beck et Wood, en métro, l'information est essentiellement « aspatiale » car elle varie peu de Paris à Montréal ou Bruxelles. L'activité du passager est la même partout : regarder les autres, lire, parler au voisin ou encore jeter un coup d'œil sur les plans et affiches publicitaires. Dans une recherche sur les Montréalais francophones, Lamarche et al. constatent que le mode de transport est largement déterminé par la classe sociale, ce qui nous conduit aux dimensions psycho-sociales.

2. Dimensions sociales

On peut envisager deux aspects de la question. Le premier concerne le comportement directement observable des classes sociales dans leur environnement. Le second sera consacré aux différences obtenues dans la carte cognitive en fonction de la classe d'appartenance.

a) *Utilisation de l'espace par les classes sociales*

Pour illustrer ce point, il est possible, suivant Webber et Webber, de considérer les deux groupes extrêmes de la pyramide sociale. L'élite intellectuelle est souvent caractérisée par un souci d'excellence dans le travail qui nécessite d'importants déplacements. Sa communauté de référence ne se limite pas, ni physiquement, ni socialement, au territoire et repose sur des valeurs et intérêts partagés. Dès lors, la mobilité résidentielle de ce type d'intellectuels est élevée.

A l'autre extrémité, la classe ouvrière tisse souvent un réseau de liens étroitement rattachés à l'espace et particulièrement aux lieux de résidence. Les épouses établissent de multiples contacts avec le voisinage ; les hommes sont en contact avec leurs compagnons de travail, le jour, et leurs voisins, le soir. Les enfants jouent dans le quartier, du moins jusqu'à l'adolescence. C'est dire combien la mobilité résidentielle est peu élevée. La classe ouvrière s'enracine dans son espace d'usage et développe un comportement fortement territorial.

Faisant référence à la qualité du logement et son lien avec la classe sociale, Michelson constate des attentes très différenciées entre diverses strates. Pour la classe défavorisée, la maison traduit avant tout la recherche de sécurité. La classe moyenne supérieure souhaite habiter à proximité des services et équipements de loisirs, ainsi qu'à l'abri des voisins indésirables. Clark fait les mêmes observations: la classe ouvrière est centrée sur la maison, la classe plus fortunée cherche la proximité de bibliothèques, centres de loisirs ou clubs. Dans la recherche de Lamarche et al., les lieux où se font les achats apparaissent nettement tributaires de la classe sociale, ainsi que la fréquentation des parcs. Ce sont les classes les plus favorisées qui utilisent plus fréquemment et plus largement l'espace urbain.

b) *Carte psychologique et classe sociale*

Lamarche montre que la connaissance de Montréal est directement proportionnelle au statut socio-économique et c'est la classe supérieure qui obtient le meilleur score de reconnaissance pour chacun des secteurs d'activités regroupant les lieux présentés.

Milgram aussi constate d'importantes différences entre les cartes cognitives de la classe ouvrière et des autres catégories sociales. Ainsi, l'édifice des Nations-Unies à New York est correctement identifié par 24 pour cent des travailleurs, contre 67 pour cent des professionnels. A Paris comme à Montréal, les couches les plus fortunées vivent dans l'Ouest. Milgram a mis en évidence le rôle intégrateur des arrondissements du centre de Paris qui sont connus des deux sous-cultures. Par contre, les arrondissements les moins connus de la classe moyenne se situent effectivement dans l'Est et l'inverse est vrai pour la classe ouvrière. Francescato et Mebane montrent que les personnes de classe moyenne dessinent plus d'éléments que ceux de la classe ouvrière, indépendamment du lieu de naissance, du sexe et de l'âge. Il est probable que les classes laborieuses soient moins mobiles, donc moins fréquemment exposées aux divers stimuli. Une autre possibilité d'explication repose sur la centration sur la maison et le voisinage immédiat de cette couche de population. Dès lors, il est normal que les sujets vont dessiner des cartes couvrant des zones très limitées, par exemple, les rues adjacentes à la maison seulement. Peu de points de repère, de nœuds au sens de Lynch répartis dans l'ensemble du territoire urbain caractériseront les réponses des ouvriers. Encore faut-il ne pas perdre de vue que la technique de la carte dessinée avec les gens peu scolarisés suscitent des résistances ou des refus.

Beck et Wood ont constaté que plus un individu visite d'autres villes que la sienne, plus il acquiert une connaissance générale sur la façon dont les villes sont organisées. Dès lors, le grand voyageur apparaît plus apte en raison de cette expérience diversifiée de localisation des éléments. Sa plus grande familiarisation avec les guides ou les cartes l'aidera également.

c) *Choix d'une collectivité*

Dans l'étude de la carte mentale d'une ville, certains facteurs reliés aux choix de la collectivité qui y vit doivent être pris en considération. La force de prégnance de certains éléments du paysage pourrait être le résultat de caractéristiques propres à ce groupe. Metton parle d'archétypes sociaux et mentaux en usage dans le milieu. Bailly croit que l'image dépend de plusieurs facteurs dont la culture apprise, les réflexions socio-économiques et professionnelles, ainsi que les codes de communication. Bertrand utilise également les termes de culture apprise et de réflexes socioculturels hérités pour désigner les mêmes phénomènes.

Dans sa recherche à Paris, Milgram a constaté que des sites, pourtant de grande valeur architecturale, ne sont pas reconnus par la majorité des répondants. Il est clair que cette ville regorge de beautés et que la sélection dans la mémoire doit nécessairement se faire. Les cartes que les sujets ont intériorisées ne sont pas seulement des produits individuels, mais aussi le résultat de constructions sociales. Ce ne serait donc pas le hasard, mais la définition sociale qui détermine, à travers le processus de sélection, les traits saillants des cartes psychologiques des citadins.

Milgram a aussi comparé l'ambiance de trois métropoles: Londres, New York et Paris. L'ambiance est définie par le style, le rythme et la structure des relations humaines. Ces dernières ont été jugées différentes dans chacune des métropoles étudiées.

Il y a nécessairement interaction entre le développement physique d'une ville et son développement social. Il est probable que des caractéristiques particulières à chacun des trois groupes de citadins soient responsables des différences dans la nature de leurs cartes psychologiques.

3. Les variables personnelles

L'âge, le sexe et la personnalité constituent les variables personnelles qui influencent la carte psychologique qu'une personne a de son environnement.

a) *Age*

Francescato et Mebane trouvent dans des cartes dessinées des jeunes (en dessous de trente ans) une proportion de 57 et 53 pour cent de voies et seulement 11 et 25 pour cent de points de repère. Dans les cartes des plus âgés, ces auteurs relèvent une proportion équivalente de voies et de points de repère. Il est possible que les Italiens de trente ans et moins aient appris leur ville en automobile et soient, de ce fait, plus conscients de la structure des rues. On peut aussi penser que les jeunes, en plein apprentissage de la ville, vont être davantage intéressés au schéma des rues. D'autres points de repère, comme les jardins et les parcs, deviennent plus importants quand le sujet vieillit.

Pour Milgram, c'est à l'adolescence que la plupart d'entre nous apprenons à connaître la ville et se déplacent dans un espace plus large que le quartier d'appartenance.

Par ailleurs, Porteous a mis en évidence un phénomène d'image résiduelle chez les personnes âgées. Des édifices ou monuments, démolis depuis longtemps, font encore partie de leur carte psychologique.

Rochefort explique les différences entre citadins âgés et jeunes par le fait que les premiers ont vécu plusieurs changements et leur perception est le fruit de plusieurs remodelages.

Beck et Wood ont obtenu de meilleures performances dans les cartes dessinées de personnes âgées. Les individus plus âgés ont évidemment plus de chances de posséder une voiture, donc une exposition plus variée aux stimulations des différents quartiers.

b) *Sexe*

Sonnenfeld croit que, fondamentalement, des différences entre les sexes apparaissent au niveau du type de paysage préféré. Beck et Wood ont obtenu de meilleures cartes dessinées chez les hommes, mais sans doute que leur mobilité est en général plus élevée que chez les femmes. Alexander va jusqu'à suggérer une différence au niveau de l'habileté spatiale. Cette constatation s'explique sans doute par la plus grande liberté d'explorer laissée au jeune garçon par comparaison avec la fille du même âge. Par contre, les résultats de Francescato et Mebane n'ont pas mis de différences significatives en évidence au niveau de la carte mentale d'une ville.

c) *Dimensions de personnalité*

La description faite par Craik du paradigme de la personnalité en psychologie de l'environnement est peut-être celle qui fait le mieux état des recherches à ce sujet. Les dispositions perceptives face à l'environnement sont au cœur de ce paradigme.

- *Dispositions par rapport à l'environnement* [9]

Pour Craik, certaines dimensions de la personnalité sont responsables de variations individuelles dans des styles relativement stables de relation avec l'environnement.

Une des bases du paradigme de la personnalité en psychologie de l'environnement est précisément l'interaction personnalité-environnement. Endler considère que le comportement «environnemental» ne peut s'expliquer davantage par l'un ou l'autre des termes de l'interaction. Craik rapporte les résultats de recherches qui démontrent que cette interaction semble expliquer davantage la variance que les variables personnelles ou celles de l'environnement considérées isolément. On peut relier cette position au concept de l'espace de vie introduit par Lewin où le comportement est fonction de l'interaction personnalité-environnement.

Craik préconise l'examen du lieu entre les dispositions par rapport à l'environnement et les comportements d'utilisation de l'espace.

Mehrabian décrit l'interaction homme-environnement dans un système d'entrée (l'environnement physique, ce qui peut être perçu) et de sortie (le répertoire des réponses comportementales). Il existerait seulement trois dimensions émotives intervenant dans la médiation entrée-sortie: les axes bipolaires activation-non-activation, plaisir-déplaisir et dominance-soumission. L'environnement produirait donc une réaction émotive résultant d'une combinaison mesurable d'excitation, de plaisir et de dominance, et qui provoquerait des conduites d'approche ou d'évitement.

Les facteurs influençant cette réaction émotive sont, d'une part, le contexte «environnemental» et, d'autre part, les différences individuelles. La réponse à l'environnement sera plus sélective chez la personne qui hiérarchise les diverses composantes d'une situation. Son attention sera concentrée sur les éléments sélectionnés. Mehrabian distingue les gens qui mettent un écran (screeners) de ceux qui ont une réponse moins sélective (non-screeners). Ces derniers manifestent une attention diffuse aux différentes composantes de la situation. Un psychologue canadien, Little, a élaboré une autre perspective originale qui mérite qu'on s'y arrête afin de terminer cette section: la théorie de la spécialisation.

- *Théorie de la spécialisation*

L'interaction personnalité-environnement est abordée sous un autre angle par Little. Il existe une orientation différentielle envers les éléments de l'environnement quotidien: les personnes et les choses. Cette position a été élaborée à partir des conceptions de King qui constatait, dans la schizophrénie, deux dimensions de retrait par rapport aux êtres et par rapport aux choses. Selon King, il n'y aurait pas de corrélation entre ces deux dimensions. Pour Little, le fait de poser les personnes et les choses, comme objets primaires de l'environnement vers lesquels les personnes s'orientent, pourrait permettre un rapprochement entre les personnalistes et les physicalistes radicaux.

Dans cette théorie, l'hypothèse de l'indépendance des deux dimensions, personne et chose, est formulée et le croquis ci-dessous permet de distinguer quatre groupes de sujets :

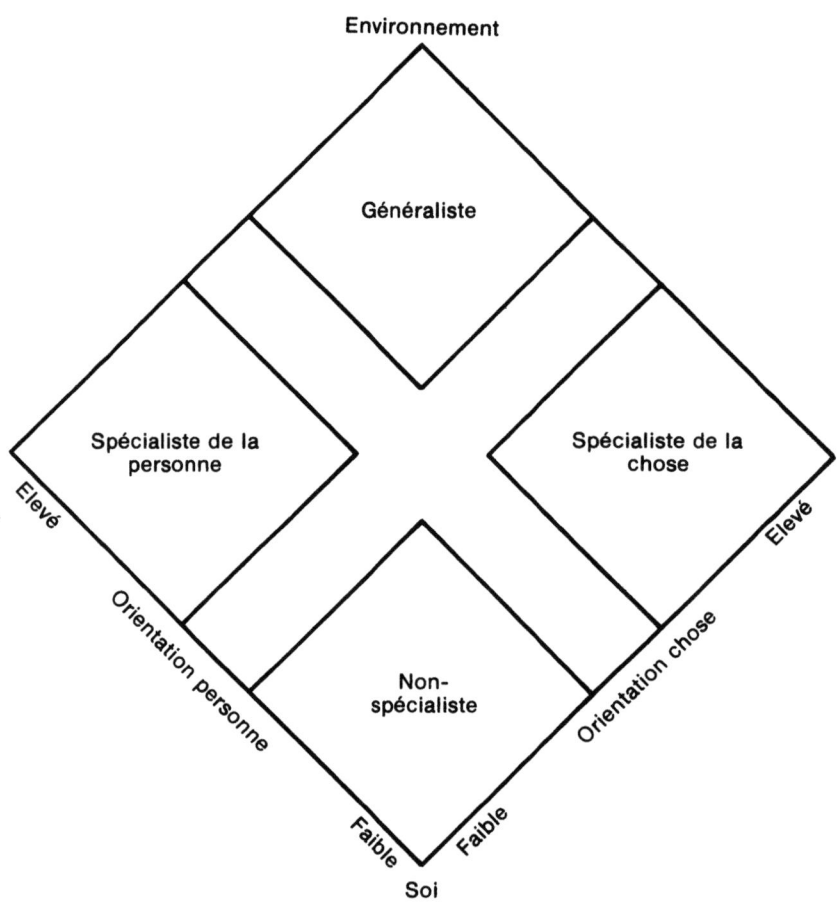

Représentation schématique des quatre groupes de spécialistes primaires (d'après Little, 1976).

1. Les spécialistes de la personne (P élevé, C faible),
2. Les spécialistes de la chose (C élevé, P faible),
3. Les généralistes qui développent des construits dans les deux directions,
4. Les non-spécialistes ou encore les « spécialistes de soi ».

En utilisant cette typologie, Little a étudié, de manière comparative, la perception de trois zones commerciales de Berkeley en Californie. Les résultats montrent que les généralistes sont ceux qui évoquent le plus grand nombre de construits, alors que les non-spécialistes en évoquent le moins. Les spécialistes de la personne ont tendance à décrire les passants, la personnalité des commerçants et le type de contacts sociaux qui se produisent. Les spécialistes de la chose sont naturellement centrés sur les caractéristiques du contexte physique. Les généralistes utilisent davantage des construits décrivant l'ambiance particulière de chaque zone. Les non-spécialistes font de même, mais moins fréquemment. Le résultat le plus significatif concerne les non-spécialistes : ils font constamment référence à leurs besoins personnels, à leur satisfaction par rapport à chaque site, leur accessibilité depuis leur résidence, etc. Les spécialistes de soi portent bien leur nom puisqu'ils ont la fâcheuse tendance à tout percevoir de manière égocentrique en termes de dépenses d'efforts et d'énergie.

Un autre aspect de cette théorie concerne les boucles de spécialisation. En effet, Little, distinguant les trois composantes : affective, cognitive et comportementale, définit une boucle de spécialisation comme une série de liens s'établissant entre ces composantes. Au niveau comportemental, la spécialisation implique une intensité de rencontre plus grande avec la spécialité. Au niveau cognitif, elle implique le développement de construits très reliés, en ce qui concerne le domaine choisi. La spécialisation se traduira, au niveau affectif, par le plaisir et l'intérêt suscités par le domaine en question. Les boucles de spécialisation sont bi-directionnelles et peuvent se renforcer l'une l'autre.

Chez les femmes, l'orientation vers les personnes est valorisée, alors que la spécialisation vers les choses reste associée traditionnellement au rôle masculin. Du point de vue génétique, Little pense que les individus sont perçus un peu comme les choses et l'inverse jusque vers 13-14 ans. Ensuite, se développeraient progressivement des construits physicalistes, en ce qui concerne les choses, et des construits personnalistes relativement aux personnes.

Section 2
Espace personnel et distance interpersonnelle

A. *Définitions*

Depuis la parution des ouvrages de l'anthropologue Hall et surtout depuis leur traduction en français, le concept d'espace personnel et sa représentation comme une bulle englobant chacun est devenu familier à beaucoup d'entre nous. C'est un espace psycho-social, comme l'a défini Codol, donc personnel, interpersonnel, social et culturel, autour de chacun et interdit à autrui. Par conséquent, il est défendu s'il est violé; par ailleurs dans certains contextes de partage avec autrui, on peut facilement imaginer une forme de recouvrement.

La littérature d'inspiration éthologique concernant la notion de territoire chez les animaux est certes abondante mais nous savons que, malgré son apport incontestable, les extrapolations issues de cette discipline sont finalement très limitées dans l'optique d'une compréhension spécifique de l'humain. En revanche, les limites du point de vue de la psychologie sociale conduisent à aborder la notion d'espace personnel sous l'angle de ses relations avec la distance interpersonnelle, thème classique du domaine. Il est significatif de constater que les recherches ont commencé dans une optique très matérielle et physique de l'espace personnel, conception en fait assez proche du territoire chez l'animal. Progressivement, apparaissent les nuances et se profile une compréhension de ce processus en termes psychologiques et finalement psycho-sociaux. Pour éviter de perdre le lecteur dans les multiples facettes considérées, le tableau synthèse (Z) présente les principaux éléments dont il sera question dans cette section.

L'espace personnel revêt souvent la forme d'une distance physique entre soi et les autrres. Horowitz le définit comme une zone frontière servant de protection ou de défense vis-à-vis des autres. Little s'attache à démontrer qu'aux lieux exigus correspond un espace personnel plus large et qu'un environ-

Tableau synthèse (Z)
ESPACE PERSONNEL

1. ELEMENTS DESCRIPTIFS	en termes d'espace - Distance physique - Distance interpersonnelle - Espace psycho-social	par rapport à la personne - Prolongement du corps - Zone frontière - Mécanisme comportemental relatif à l'environnement	en termes de relation - Contrôle du degré d'intimité - Régulation de l'interaction avec autrui - Zone de régulation des interactions sociales	
2. ELEMENTS DE SIGNIFICATION	Zone privée dont la personne contrôle l'accès (intrusion = menace) Frontière du moi	Sphère investie affectivement Expression non verbale de l'intimité	Espace privé inviolable propre au sujet Caractère intime Préservation de la présence d'autrui	
3. FONCTIONS	Par rapport à soi - Equilibrer le degré de stimulation - Conserver une certaine intimité		Par rapport à autrui - Communiquer - Se défendre contre l'intrusion	
4. FACTEURS D'INFLUENCE	Variables isolées comme stimuli : facteurs démographiques, traits de personnalité, type de relation interpersonnelle, contexte situationnel (input sensoriel), cadre culturel.			

	Dimension individuelle	interpersonnelle	sociale
5. COMPORTEMENTS SUSCITES	- Evitement (réduire le contact)	- Défense active : - retrait - manifester son insatisfaction - se figer	Réaction psychologique - anxiété - stress - agressivité
6. DIMENSIONS SYNTHETIQUES DES DEFINITIONS	- Distance psychologique - Prolongement du corps - Barrière symbolique	- Distance d'interaction - Zone frontière - Zone de régulation des interactions	- Espace psycho-social - Espace défendu contre l'intrus - Exigence du droit à l'espace
	- Préservation contre la présence d'autrui	- Expression non verbale de l'intimité dans un contexte de communication	- Recherche d'un confort psychologique dans la situation sociale
	- Equilibre de l'input sensoriel	- Moyen sélectif de contrôle de l'accès des autres à soi	- Equilibre global entre cohésion et dispersion

nement pauvre en stimulations suscite des interactions interpersonnelles plus étroites.

Pour Hall, ce n'est pas la distance en soi qui a de l'importance, mais bien les stimuli perceptibles à telle ou telle distance et qui donnent sa signification au concept. Cette perspective s'inspire fortement de l'analyse du comportement animal de Hediger, car elle s'appuie sur une continuité relative chez les animaux et les hommes, en ce qui concerne la distance personnelle et sociale.

Cependant, les humains restent uniques dans leur utilisation des lieux. A cet égard, la proxémie de Hall propose une classification bien connue en quatre zones de régulation des interactions sociales, suivant la distance. Cette discipline peut se définir comme l'étude de la manière dont chacun structure inconsciemment son micro-espace, c'est-à-dire la distance entre les hommes dans l'organisation de l'espace, dans ses maisons et édifices et, à la limite, le plan des cités. En pratique, l'étude de la culture au sens proxémique consiste à relever l'utilisation que chaque personne fait de ses différents sens en regard de ses états affectifs, lors de relations humaines variées et dans des environnements divers. Plus précisément, Hall met l'accent sur la distance en tant que moyen de communication étroitement lié à d'autres modalités comme le toucher, l'odorat, l'ouïe et la vision.

On sait depuis longtemps que le sentiment de l'espace, du moi et de l'environnement sont en relation étroite. Certains aspects de la personnalité liés à l'activité visuelle, kinesthésique, tactile, thermique, peuvent voir leur développement inhibé ou stimulé par l'environnement.

A des utilisations diverses des sens correspondent des besoins d'espace différents et toute forme d'aménagement de l'espace exprime sans doute le comportement sensoriel privilégié par les constructeurs et les occupants. Au passage, il convient de signaler à quel point l'urbanisation industrielle a produit des espaces peu stimulants à l'œil et ne permettant guère l'élaboration d'un répertoire kinesthésique intéressant.

Seguin a défini « l'espace individuel » comme une portion de l'environnement autour de la personne et qui semble intégrée à son schéma corporel. Le terme « espace personnel » recouvre, lui, plusieurs réalités et Sommer en donne deux usages : la zone investie émotionnellement dont on cherche à préserver l'accès, ou le processus selon lequel les gens « habitent » l'espace qu'ils occupent. C'est donc une entité entourant le corps que l'on défend contre les envahisseurs pour éviter anxiété et tension et qui nous appartient en propre. Néanmoins, ce concept reste difficile à définir dans la mesure où il est parfois confondu avec les notions connexes. Espace personnel et distance spécifique entre membres d'une même espèce sont assez similaires par exemple. La distance individuelle n'existe que lorsque deux ou plusieurs membres de l'espèce se trouvent ensemble et varie en fonction de la densité de population et du comportement territorial. La violation de la distance individuelle est pratiquement équivalente à l'invasion de l'espace personnel.

Mehrabian propose une définition du processus qui réfère à l'effet cumulatif de la réduction de la distance, de l'augmentation du contact visuel, du toucher et de l'orientation du corps. Pour Ardrey et Morris, ce serait une manifestation d'un équilibre global : cohésion (perpétuer la vie, se regrouper en unités familiales, partager la nourriture), dispersion (agressivité intraspécifique, acquisition d'un territoire) dans l'espace. Leibman apporte une conception plus psychologique en termes de réponse à certaines attentes liées aux lois des relations interpersonnelles. Il souligne la nécessité d'une analyse intégrative dans un système comportemental cohérent, dans lequel comportements verbaux et non verbaux, gestes et postures, s'unissent pour atteindre l'objectif.

Dans nos transactions quotidiennes avec l'environnement, nous faisons preuve d'une capacité étonnante à effectuer les ajustements mutuellement satisfaisants, en dépit du fait que nous restons peu conscients du comportement relatif à l'espace. Bien qu'on puisse concevoir l'espace personnel comme une forme spéciale de territorialité, il a ceci de spécifique qu'il se déplace avec l'individu, qu'il est très élastique et peut changer rapidement. En effet, il n'est ordinairement pas lié à des points de référence physiques permanents dans le cadre de vie. Becker et Mayo précisent bien la différence essentielle : le comportement lié à l'espace personnel est éveillé par l'interaction entre personnes et n'implique pas un espace défini mais un système dynamique de maintien d'une certaine distance. L'homme cherche à maintenir celle-ci sans isoler un territoire ou espace particulier. Par ailleurs, la conceptualisation de Leibman, qui met l'accent sur ce phénomène en tant que moyen de contrôle de l'espace immédiat et réponse à des buts interpersonnels, est proche de celle de régulation de l'intimité chez Altman. Un certain nombre de travaux, comme ceux de Lofland et Patterson, éclairent d'ailleurs la compréhension de ces deux notions connexes : espace personnel et intimité, qui feront l'objet de la section suivante.

B. *Variables influençant l'espace personnel*

Parmi les concepts abordés dans ce volume, l'espace personnel est peut-être celui qui a donné lieu au plus grand nombre de recherches du point de vue de la psychologie sociale classique. Cet état de choses est sans doute explicable par le fait qu'il est relativement commode de manipuler cette variable dans un schéma expérimental. Ceci est d'autant plus vrai que l'expérience porte sur des écosystèmes très limités, comme le contexte du laboratoire. Devant ce nombre de travaux, nous avons choisi de sélectionner les plus représentatifs et de les regrouper par catégories.

1. Facteurs individuels

Le comportement spatial est une expérience subjective avant d'être un moyen de communication ou de contrôle social. Aussi l'espace personnel touche-t-il avant tout une dimension liée aux données biographiques et à l'expérience vécue du sujet.

Meisels et Canter soutiennent que la même distance physique peut avoir différentes significations psychologiques pour différentes personnes. Le comportement spatial n'apparaît pas comme un phénomène isolé et les classifications par schémas sociaux ne peuvent être également représentatives, ni des relations interpersonnelles, ni des préférences individuelles. Ces auteurs précisent que les corrélations entre différents indices d'espace sont souvent faibles, ce qui suggère une relation complexe entre dimensions de personnalité et espace personnel, en fonction aussi du contexte situationnel. Bien que la notion d'espace personnel soit fructueuse, il subsiste des doutes quant à l'intérêt de la distance physique comme mesure adéquate de l'espace vécu par les gens. Pour établir des relations significatives avec les caractéristiques de personnalité ou les facteurs extérieurs de contexte, il convient d'accorder plus d'intérêt à l'expérience phénoménologique. A travers la littérature pertinente, ce sont les traits de personnalité (Horowitz), le sexe (Sommer), les sensations instantanées (Rosenfeld) qui retiennent l'attention. Altman et Vinsel considèrent en particulier l'estime de soi, l'axe intraversion-extraversion, les variables biographiques, les rôles sociaux. Rawls et Cozby affirment que les différentes réponses à la densité, par exemple, sont dues en grande partie aux différences individuelles: les personnes qui préfèrent un espace personnel vaste réagissent évidemment plus négativement aux situations de haute densité.

a) *Age*

Chacun sait à quel point les jeunes enfants recherchent plus que les adultes la proximité physique, synonyme de sécurité. C'est par le contact effectif que l'on procure et reçoit la tendresse et le petit enfant connaît sa mère à travers des sensations de chaleur corporelle, l'odeur de sa peau ou de ses cheveux. Aiello constate que les hommes se tiennent à plus grande distance en général que les femmes. Scott compare les performances d'enfants d'âges différents et réalise que les enfants de maternelle et de première année sont moins habiles à percevoir et évaluer des zones spatiales que ne le sont les enfants de deuxième et de troisième années scolaires. Tennis et Dabbs remarquent que la distance maintenue augmente avec l'âge, que les garçons utilisent plus d'espace que les filles et que les différences rattachées au sexe de l'individu s'accroissent chez les sujets plus âgés. Eberts et Lepper soulignent que les sujets utilisent moins d'espace avec d'autres enfants qu'avec des adultes.

b) *Sexe d'appartenance*

Le féminisme est certes un des courants majeurs qui influence la littérature contemporaine en général. La psychologie sociale n'échappe pas à cette tendance et un grand nombre de psychologues, parfois avec raison, parfois avec opportunisme, tentent d'exploiter la comparaison systématique des attitudes suivant le sexe d'appartenance. Selon Tolor et Le Blanc, les hommes manifesteraient un plus grand besoin d'indépendance, un moins grand désir d'assister les autres, ainsi qu'un engagement physique et verbal plus limité. Pedersen constate que le degré d'accessibilité du corps et la transparence de soi sont d'autant plus en corrélation qu'il s'agit du contact entre un homme et sa meilleure amie. Ceux qui permettent plus d'accessibilité à leur physique ont d'ailleurs tendance à se révéler davantage et tout naturellement dans la relation avec une amie intime. Par exemple, les étudiants ayant une estime de soi élevée approchent de plus près un confrère de même sexe, mais les distances d'approche varient davantage en fonction de l'estime de soi pour les femmes.

Dosey et Meisels notent également une plus grande sensibilité des sujets féminins aux facteurs expérimentaux. Les conditions de stress tendent à accroître l'espace personnel des étudiantes davantage que celui des étudiants dans leur approche d'une personne du sexe opposé. Les sujets masculins de l'expérience semblent plus dérangés que les femmes lorsqu'ils subissent une intrusion. Guardo et Meisels soutiennent que garçons et filles apprennent les règles de régulation des frontières personnelles à des moments différents, ce qui confirme la disparité dans l'apprentissage du rôle sexuel en général. Cette différence va dans le sens d'un développement plus rapide d'espace stable chez les filles. Ces résultats supposent donc un apprentissage culturel précoce chez les filles au niveau des règles de l'interaction sociale en termes d'espace.

De manière typique, les filles montrent généralement des frontières moins perméables entre elles et les autres. C'est un fait d'observation courante: les jeunes évitent souvent un trop grand contact avec quelqu'un de l'autre sexe jusqu'à ce qu'ils découvrent de nouveaux intérêts à l'adolescence. Chez les adultes, d'après Nesbitt et Steven, l'espace maintenu entre les représentants des deux sexes est évidemment déterminé par un ensemble complexe de motivations. Il y a parfois conflit entre le désir de la personne convoitée, les contraintes des normes et les craintes reliées aux comportements d'approche. Toutefois, Altman a insisté sur le rôle joué par la composition de la dyade. Un couple formé d'un homme et d'une femme résiste davantage à l'éventualité d'être séparé, une dyade féminine résiste beaucoup à l'intrusion, alors qu'il est plus aisé de s'introduire lorsque deux hommes sont ensemble.

Sundstrom constate aussi que les femmes s'approchent généralement plus des autres femmes que des hommes, alors que l'inverse n'est pas vrai. Néanmoins, si Baxter a trouvé des différences significatives entre groupes de sexe différent, celles-ci n'expliquent qu'une portion faible de la variance et ne se maintiennent guère à travers les groupes ethniques et les groupes d'âge.

Sommer, lui non plus, n'a pas trouvé de différence quant au sexe de ses sujets dans la plupart de ses travaux. Leibman resitue le problème dans un cadre plus général, considérant que les rôles sexuels sont appris largement en bas âge. Le stéréotype masculin reste toujours le même malgré tout, dans notre société. Les jeunes hommes sont fortement encouragés, notamment par leurs mères, à adopter les caractéristiques réclamées par le stéréotype: être indépendants, non émotifs, forts, agressifs, et actifs. En conséquence, les hommes vont donc s'en tenir à des distances psychologiques plus grandes face aux autres et spécialement les autres hommes.

Exline a mis en évidence une tendance chez les hommes à entrer moins fréquemment en contact par le regard que les femmes. A travers le processus de socialisation, les personnes du sexe dit faible sont encouragées bien souvent à être dépendantes, émotives, sociables et capables de relations intimes profondes. Contrairement aux hommes, elles ont droit à l'expression de la chaleur, de la tendresse et de l'affection. En conséquence, la femme tend à développer un espace personnel plus large face aux hommes qu'aux femmes et devient plus stimulée émotionnellement quand elle est approchée par les hommes que par les femmes, comme l'a souligné Mac Bride.

Hare et Bales ont confirmé les observations de Sommer concernant le choix de place à table, les hommes rechercheraient la position face à face, alors que les femmes préfèrent s'asseoir à côté d'une personne. Fisher et Byrne rapportent aussi que les sujets masculins trouvent plus déplaisants les intrus en vis-à-vis, alors que les femmes réagissent davantage aux envahisseurs assis à leur côté.

Kahn et Mac Gaughey insistent sur le fait que les personnes des deux sexes sont sensibles à des aspects différents de la proximité. Pour les hommes, plus la femme est proche, plus ils ont tendance à considérer qu'elle les accepte ou les aime. Chez les femmes, ce qui semble plus important c'est l'interprétation voulant que plus l'homme est distant, plus il les rejette et moins il les aime. Une explication possible réside dans la différence au niveau des intentions perçues derrière le comportement de l'autre. Les femmes semblent considérer l'homme près d'elles comme ayant choisi la place par hasard et celui qui se tient loin comme les rejetant. Les hommes auraient plutôt tendance à interpréter que la femme assise à proximité a été attirée par lui alors que celle qui se tient à distance le fait pour respecter une convention. D'autre part, comme les hommes initient plus souvent la rencontre avec l'autre sexe, le comportement de proximité ou de distance peut être considéré comme réponse à des normes, et donc perd de sa signification. Mehrabian et Diamond observent que les hommes utilisent plus d'espace que les femmes. Dans une recherche portant sur des personnes sensibles au rejet, ils remarquent que ceux qui recherchent moins l'affiliation utilisent plus d'espace. Plus la distance est grande, moins la conversation est soutenue. Hartnett et al. font remarquer le fait qu'on accorde plus d'espace aux personnes grandes. Les nombreux résultats de ces études pourtant rigoureuses confirment le fait qu'une seule variable ne suffit guère pour comprendre le mécanisme de l'espace personnel et restent contradictoires par le fait même. Tant d'autres facteurs interviennent qu'il est indispensable de les considérer pour tirer des conclusions reflétant davantage la réalité et satisfaire à des critères de validité écologique.

c) Caractéristiques de personnalité

Hildreth rapporte que les personnes agressives utilisent davantage d'espace, et Stratton, que les étudiants ayant un concept de soi élevé approchent un compère masculin de plus près que les autres. Les distances d'approche varient en fonction du concept de soi davantage chez les femmes. Horowitz ayant obtenu un résultat opposé, il est permis de penser que la nouvelle génération établit des normes et modèles spatiaux différents. Quant à Frankel et Barrett, ils démontrent une relation inversement proportionnelle entre degré d'estime de soi et utilisation de l'espace. Plus l'estime de soi est élevée, moins la personne aurait besoin de maintenir un vaste espace entre elle et les autres.

I. Axe intraversion/extraversion

D'après les résultats de Williams, les intravertis gardent autrui à plus grande distance lors d'une conversation. Patterson conteste ceci en affirmant que l'étude en question a établi uniquement que les extravertis accordent le droit aux autres de venir plus près deux. Pour Leipold, les extravertis vont s'asseoir plus près que les intravertis dans certaines circonstances. Il note que les intravertis anxieux vont s'asseoir plus loin de l'expérimentateur. La tendance inverse des extravertis à s'approcher plus et le fait qu'ils répondent plus longuement aux questions ont été également signalés dans une étude de Patterson. Si tous les travaux ne concordent pas dans leurs conclusions sur ce point, la plupart des chercheurs considèrent l'existence d'une relation entre extraversion et proximité. Mais il reste possible, par exemple, de faire une hypothèse différente à partir de la théorie du contact visuel et celle de la distance quant aux positions choisies. Si les extravertis ont tendance à regarder davantage les autres, ils vont choisir de s'asseoir en face de l'interlocuteur, alors que dans l'autre perspective, ils vont s'asseoir à côté pour être plus proches. Mobbs va jusqu'à avancer que les extravertis peuvent tolérer plus de stimulations à cause de différences neurophysiologiques. A nos yeux, ce genre de théorie fait davantage penser à un certain impérialisme de l'explication médicale, dont on sait aujourd'hui fort heureusement les limites.

II. Niveau d'anxiété

Selon Altman, les gens qui ont tendance à être anxieux conservent une distance plus grande par rapport à autrui. Dans une recherche de Baxter, dans six dyades sur sept, les sujets ayant manifesté plus d'anxiété ont jugé la distance entre eux significativement plus courte et la distance évaluée par la personne la plus anxieuse était plus petite que la distance réelle. Quant à Stratton, il soutient tout simplement que l'espace personnel varie en fonction du niveau d'anxiété.

Dans des conditions de peur provoquée, Schwarzwald a démontré que l'espace personnel se contracte, mais ce processus apparaît seulement lorsque les sujets sont de même sexe dans son expérience. Quant à l'étude de Aiello sur les effets d'une grande proximité physique, des évidences physiologiques de réactions de stress apparaissent. La foule représenterait une situation inappropriée au niveau spatial, produirait une plus grande réactivité physiologique ainsi que des effets nuisibles sur la performance d'une tâche. Cependant, pour les personnes qui se sentent à l'aise dans une interaction à peu de distance du partenaire, la foule n'a pas un effet décisif alors qu'elle semble très stressante pour ceux qui ont besoin d'une plus grande distance.

Par ailleurs, la notion de contrôle étudiée par Sherrod et Downs semble constituer une variable intermédiaire importante dans la mesure où les effets négatifs d'un environnement stressant sont accentués si l'individu sent qu'il est en train de perdre le contrôle. La personne inconfortable dans une relation trop intime à ses yeux va chercher à la redéfinir en augmentant la distance. Dosey et al. décrivent les sujets stressés comme maintenant de plus grandes distances et Karabenick constate que les personnes venant de remporter un succès ont besoin de moins d'espace que celles qui viennent de connaître un échec.

III. *Perturbations émotionnelles ou handicap physique*

Pour Altman, la personnalité anormale ou la déviance sociale peuvent s'associer à une plus grande déformation de l'espace personnel. Les personnes perturbées semblent caractérisées sur ce plan par des frontières entre elles et les autres différentes de celles des gens normaux. En prison, les détenus les plus agressifs ou violents peuvent avoir une frontière moins perméable que celle de la plupart des gens. Sommer a émis l'hypothèse que la conception de l'espace chez les schizophrènes est déformée et provoquerait en même temps le retrait des autres. Ceci a été retrouvé par Horowitz qui constate la tendance de ces malades à éviter les autres bien plus que ne le font les gens dits normaux. Pour rester isolé, le schizophrène peut très bien envahir délibérément l'espace personnel d'autrui afin de produire une réaction de fuite. On a constaté que certains sont pris de panique quand on approche d'eux, leurs frontières du moi s'étendant souvent au-delà du corps.

Par rapport aux personnes handicapées (amputés, épileptiques, malades mentaux), Altman rapporte que les gens maintiennent généralement de plus grandes distances. Celles-ci semblent plus accentuées avec ceux dont le handicap n'est pas apparent. Goffman explique également qu'une personne souffrant de malformation visible risque de posséder une identité altérée qui la transforme en interlocuteur coupable de son propre point de vue et de celui de l'autre. Par exemple, Mac Gregor a trouvé que des traits de caractère négatifs sont souvent attribués aux personnes défigurées. Kleck a recours au handicap simulé de la jambe amputée par l'utilisation d'une chaise roulante. Contrairement aux attentes, aucune différence n'est enregistrée au niveau des contacts visuels, qu'il s'agisse ou non d'un expérimentateur handicapé. Par ailleurs, les sujets qui entrent en contact avec le sujet « estropié » démontrent davantage d'inhibition motrice, se font une opinion plus positive de la personne handicapée et leurs idées sont plus influencées par elle. Ceci semble confirmer l'hypothèse de l'interlocuteur coupable.

2. Dimensions psycho-sociales

a) Statut

Plusieurs recherches ont porté sur la relation de la proximité et du statut d'une personne. Dans un milieu de travail, on remarque habituellement que l'arrivée d'un supérieur hiérarchique provoque une série de réactions, notamment de retrait dans l'espace. Pour Sommer, un statut élevé accorde souvent un espace de meilleure qualité, plus vaste, ainsi qu'une plus grande liberté de mouvement. Hall a remarqué qu'une personne de statut supérieur est approchée de moins près que celle de statut inférieur. Ceci rejoint les observations des éthologues au sujet des animaux dominants. Dean et ses collaborateurs concluent également dans le même sens: les individus de haut rang dans la hiérarchie utilisent plus d'espace que ceux de statut égal ou inférieur.

b) Facteurs interpersonnels

Beaucoup de recherches portent sur les relations interpersonnelles et l'espace sous l'angle du degré de connaissance réciproque, d'attraction et de camaraderie. Utilisant des acteurs qui jouent le rôle respectivement de bons amis, de connaissances fortuites et d'étrangers, Little arrive à la conclusion que les acteurs sont placé d'autant plus près que la relation est intime. En milieu naturel, Willis constate que les étudiants qui sont amis se tiennent près les uns des autres, comparativement à ceux qui ne sont que de simples connaissances. Rosenfeld, en demandant à ses sujets d'expérience d'agir amicalement ou inamicalement envers une autre personne, a trouvé que l'adoption d'un comportement amical amenait naturellement les gens à se tenir plus proches les uns des autres. La distance interpersonnelle est tributaire du genre de relation et la distance peut, à son tour, agir sur la qualité de la relation. Ainsi, dans une expérimentation portant sur le degré d'attraction, Patterson en arrive à la conclusion que les gens situés à peu de distance définissent le partenaire de l'interaction comme plus attirant et désirable. Hall a d'ailleurs souligné à quel point les êtres humains utilisent l'espace de manière très active pour communiquer les uns avec les autres.

La perception qu'on a du partenaire oriente évidemment le comportement spatial. Byrne observe que les sujets ont tendance à s'asseoir plus près des personnes qu'ils jugent semblables à eux et expriment à leur égard moins de sentiments négatifs. D'après Edwards, les gens se tiendraient proches de ceux qu'ils considèrent comme des amis, plus loin des personnes perçues comme des connaissances et encore plus loin des étrangers. Cook remarque que proximité physique et contact visuel remplissent des fonctions différentes. La proximité jouerait davantage de rôle comme élément d'affiliation alors que le contact visuel serait plus important dans l'expression de l'hostilité. Quant à Jourard, il démontre que l'augmentation de l'intimité est associée à celle du contact physique. Tedesco et Fromme remarquent qu'une expérience de collaboration contribue à réduire l'espace personnel entre protagonistes. Selon Altman, une trop grande proximité entraîne souvent des réactions négatives, un degré équilibré de proximité facilite la relation et une distance excessive provoque parfois des effets négatifs. Avec un ami, la proximité est confortable; avec une connaissance, on préfère une distance intermédiaire, et avec un inconnu, au plus grande est la distance, au mieux. Ainsi un échange social favorable va de pair avec une distance réduite et inversement.

Même la formation d'amitiés a été mise en relation avec la proximité des résidences. Généralement donc, la distance physique est interprétée comme inversement reliée au degré d'attirance des personnes en cause. Toutefois, Willis nuance les affirmations et propose une gradation du niveau de proximité selon le type de relation et les caractères des intéressés. Les camarades se tiennent plus proches que les autres, les parents s'approchent encore davantage et les femmes amies se tiennent plus près que toutes les autres catégories considérées. Dans une étude de garderies, King trouve que le nombre de gestes inamicaux d'un enfant à l'égard des autres influence la distance maintenue envers celui-ci dans des situations de jeu libre. Hall souligne que l'hostilité, au même titre que l'intimité, peut s'exprimer à de courtes distances.

Sundstrom fait remarquer que certains contextes stressants semblent associés à une augmentation de la distance séparant les individus, mais qu'une dispute ouverte peut s'accompagner d'une réduction de celle-ci. En comparant deux groupes de sujets classés selon le degré de sympathie, Mehrabian suggère que la distance publique occasionne plus d'agressivité entre personnes déjà en sympathie. La distance a moins d'effet dans le cas d'un niveau de sympathie peu élevé entre interlocuteurs.

c) Elément culturel

A la différence des autres espèces, l'homme a conçu un vaste échantillon de formes de société. Dans chaque culture, l'être humain acquiert une connaissance des règles à l'égard de l'espace. Nous savons à quelle distance nous approcher des voisins, des étrangers ou de connaissances en fonction des classes sociales. Hall comprend beaucoup d'échecs de communication comme résultant des différences importantes qui séparent les mondes perceptifs des personnes en présence. En tant qu'anthropologue, il note dans quelle mesure l'architecture, l'aménagement, la distance, l'angle de l'orientation entre personnes, varient suivant les valeurs culturelles dominantes de chaque société. Ainsi, des groupes ethniques différents vont préférer une organisation spatiale particulière et choisir des distances spécifiques d'interaction. Par exemple, une conversation personnelle, qui peut nécessiter une distance déterminée dans tel contexte culturel, peut très bien susciter de l'anxiété dans un autre.

Scherer constate que les enfants de classe moyenne se tiennent à plus grande distance que ceux de classe inférieure. Les différences entre groupes ethniques apparaissent précocement et se renforcent en général avec l'âge. En contexte naturel, Baxter examine les distances d'interaction dans trois sous-groupes culturels en combinant le sexe et l'âge. Les comportements spatiaux observés sont différents de manière constante. Si un des interlocuteurs s'approche ou s'éloigne de manière excessive aux yeux de l'autre, celui-ci va se déplacer comme pour compenser l'écart. Ce processus se déroule en dehors du niveau de conscience et les mécanismes de régulation produisent rapidement un comportement adapté. Tolor et Warren suggèrent que les enfants normaux apprennent du parent du même sexe l'orientation et l'intensité requises pour répondre au comportement spatial. Les prédispositions au rapprochement comme au retrait seraient donc tributaires de l'influence parentale. Nous constatons toutefois une modification du comportement d'une génération à l'autre. Tous ces travaux présupposent une relation causale entre milieu culturel et comportement spatial, entre sous-groupes culturels et attentes en termes de distance, entre style parental et attitudes des enfants, sans sous-estimer l'apport individuel qui personnalise la réaction et permet aussi aux générations de se différencier. De plus, les propriétés génétiques influencent également les modèles sociaux en général, donc les comportements spatiaux en particulier.

3. Facteurs d'environnement

Le degré de stimulation produit par le milieu et enregistré par l'individu et les caractéristiques physiques et sociales des lieux sont les deux aspects importants à considérer. Exline signale que le contact visuel peut remplir plusieurs fonctions en plus d'être un indicateur d'intimité affective. Pour Argyle et Dean, l'accroissement du contact visuel ou de la proximité accentue l'intimité. Le choix d'une place peut indiquer le degré émotionnel de la relation. Dans une autre expérience, Argyle étudie les dyades dont un des partenaires n'est que partiellement ou pas du tout visible. Dans ces conditions, celui ou celle qui possède le plus d'informations visuelles tend à dominer l'autre, à se sentir plus à l'aise et prend généralement le rôle d'observateur. Quand la vision est réduite, l'élocution est difficile et des interruptions dans le dialogue apparaissent. Le contact visuel est donc nécessaire et ce sont les femmes qui ressentent un plus grand inconfort en l'absence d'informations visuelles. Les hommes auraient tendance et aimeraient dominer dans les conditions réduites de visibilité, la femme adoptant le rôle de l'observée dans le cas de dyade mixte. Sommer a montré que la position choisie est fonction du but de l'entretien. Si deux personnes veulent se parler, elles vont s'asseoir souvent à angle droit, en coin de table. Elles vont s'asseoir en face, si l'atmosphère est compétitive, et côte à côte dans un climat de coopération. Si elles préfèrent éviter l'interaction, elles vont s'asseoir à la plus grande distance possible, donc en étant le moins possible dans le champ visuel de l'autre.

Hall relie la distance des interactions avec le type et l'intensité des données sensorielles disponibles. Un contact proche rend accessibles les informations tactiles, olfactives et thermiques. Pour Frede et al., il en va de même pour les gens qui interagissent de près et s'exposent ainsi à une vision différente en utilisant d'autres stimuli que dans le contact à distance. Nesbitt et Steven ont montré par ailleurs que les vêtements brillants et les parfums portent les gens à se tenir à une plus grande distance. Un certain nombre de recherches ont mis l'accent sur l'influence des caractéristiques de l'environnement physique. Par exemple, la grandeur des salles, la disponibilité des tables et des chaises, leur forme, ont été étudiées par Sommer. La position par rapport à l'orateur a été approfondie par Steinzor, qui a montré dans une recherche déjà ancienne un aspect apparemment paradoxal: la plus grande communication entre membres éloignés d'un groupe. Il faut savoir qu'il s'agissait de groupes de dix membres assis en cercle et que dans ce contexte, la personne la plus éloignée est en face et constitue un stimulus plus expressif. Cette constatation est reprise par Altman: dans un cercle, les gens dirigent plus d'interventions vers ceux qui leur font face que vers ceux qui se trouvent à leurs côtés. Discuter avec une personne en face de nous et assez éloignée ne crée pas un contact aussi privilégié que si la discussion s'engage avec la personne assise à nos côtés. Dans la plupart des services de consultation psychologique, la disposition des fauteuils en tient d'ailleurs compte: le thérapeute et son client étant le plus souvent assis du même côté du bureau, et non pas face à face de part et d'autre de celui-ci.

A un autre niveau, les groupes se sentent en principe plus menacés selon le type de lieux physiques et d'autres éléments de l'environnement: les niveaux de bruit, la chaleur, la lumière ambiante. Little a tenté de montrer que les personnes se tiendraient plus proches les unes des autres à l'intérieur qu'à l'extérieur. Les résultats ne sont pourtant pas suffisamment consistants pour en tirer une conclusion décisive. Pour Hearn, un leadership minimum agit sur les facteurs spatiaux et influence la participation. Plus précisément, les gens orientent plus d'interventions vers ceux assis en face d'eux, alors qu'avec un leader fort, les commentaires iront plus volontiers à la personne assise à côté d'eux. Steinzor avait déjà observé également que lorsqu'un membre d'un groupe cesse de parler, c'est plus souvent celui d'en face qui prend la parole, que celui d'à côté.

On le voit, ce thème de l'espace personnel est classique en psychologie sociale et a donné lieu à un très grand nombre de travaux de recherche dont la méthodologie est rigoureuse, mais non innovatrice. Néanmoins, les résultats sont limités et les applications se bornent le plus souvent à des écosystèmes précis et parfois artificiellement montés pour les besoins de l'expérience.

Section 3
Régulation de l'intimité

A. *Définition de l'intimité*

Le terme anglais de *privacy* n'a pas d'équivalent français vraiment adéquat. Familièrement, le concept d'intimité désigne ce qui est privé par opposition à ce qui est public. Cette notion fait l'objet de beaucoup d'études relevant de diverses disciplines comme l'architecture, le droit, la psycho-sociologie. Les recherches psycho-sociales sur ce thème sont moins nombreuses que sur l'espace personnel et, prises isolément, apparaissent peu satisfaisantes. C'est la conception écologique d'Altman qui a principalement inspiré cette section car ce pionnier de la psychologie de l'environnement a réussi à mettre en évidence l'influence réciproque du comportement social et du cadre de vie.

Deux notions importantes, l'intimité atteinte et désirée, vont être abordées sous l'angle des facteurs personnels et contextuels susceptibles de les influencer. Le rôle de certains mécanismes verbaux, non verbaux et environnementaux, utilisés par la personne pour maximiser sa satisfaction sera souligné. Cependant, on ne peut passer sous silence une des limites de cette perspective théorique : la majorité de ses applications se borne encore aux études de groupes restreints d'individus vivant des expériences d'isolement physique.

Ce processus peut se concevoir comme une réponse de la personne à son environnement immédiat en créant une barrière psychologique au moins pour établir les limites séparant le moi du non-moi. Cette frontière permet d'accepter ou de refuser les stimuli extérieurs (input) et de retourner ou non vers l'environnement de l'information (output). L'interaction peut impliquer deux ou plusieurs individus et un groupe. La perméabilité de cette barrière, un peu analogue à une membrane cellulaire, varie en fonction de l'état dynamique interne du sujet et des caractéristiques du milieu ambiant.

On découvre de plus en plus le caractère central de la notion de contrôle par rapport à ces mécanismes de régulation utilisés par chacun d'entre nous, selon Laufer, Proshansky et Wolfe. Cette dimension comporte trois aspects: la liberté d'être isolé des autres ou non, le degré d'ouverture ou de fermeture à autrui et le choix du type et de l'intensité des stimulations. Johnson insiste également sur l'importance du contrôle personnel. Pour cet auteur, cette dimension peut se décomposer en quatre facteurs:

1. le contrôle du choix des résultats;
2. celui de la sélection des comportements;
3. celui qui s'obtient sur les résultats en mettant en application les comportements choisis;
4. l'évaluation et l'interprétation de ces résultats.

Pour désigner l'aspect motivationnel de l'intimité, les termes contrôle personnel, autonomie, liberté et pouvoir sont utilisés dans la littérature.

Par exemple, Kelvin met l'accent sur le pouvoir qui entre en jeu dans l'interaction avec autrui. La dichotomie entre le moi et le non-moi peut se décomposer en trois termes: (1) la personne est en soi indépendante, (2) cependant cette indépendance peut être menacée, c'est la vulnérabilité possible de l'acteur, (3) cette menace est fonction du pouvoir réel ou potentiel de l'autre personne en interaction. Il serait fastidieux de poursuivre ici une énumération de multiples positions personnelles, d'autant plus qu'elles sont souvent élaborées à travers des concepts classiques comme ceux de rôle et de statut social, comme chez Schwartz. Le tableau ci-joint donne une certaine idée de cet éventail. Plus fondamentales nous semblent les quatre propriétés dégagées par Altman en les différenciant de la conception traditionnelle de l'intimité.

Tableau II
PRINCIPALES APPROCHES DU CONCEPT D'INTIMITE

Auteur	Année	Type d'approche
Bates, A.P.	1964	Approche traditionnelle de l'intimité qui : a) conçoit l'intimité uniquement en termes de retrait; b) qualifie l'intimité de processus monotonique et unimodal; c) entrevoit l'environnement dans une optique interpersonnelle.
Schwartz, B.	1968	- Approche traditionnelle de l'intimité - Etudie l'intimité en relation avec les rôles et les statuts sociaux.
Kelvin, P.	1973	Approche théorique de l'intimité qui définit cette dernière comme une limite perceptuelle du pouvoir des autres sur l'individu lui-même.
Laufer, R.S. Proshansky, H.M. Wolfe, M.	1973	Approche dimensionnelle de l'intimité a) *dimension du « self ego »* en termes de développement du moi et de formation de l'autonomie; b) *dimension de l'interaction* qui présuppose au niveau de l'intimité, la présence de l'autre; c) *dimension du cycle de la vie* qui cerne le problème de la variation de la conceptualisation individuelle de l'intimité en fonction de l'âge; d) *dimension biographie et histoire* qui met en relief l'importance de l'expérience passée de l'individu au niveau de l'intimité désirée; e) *dimension de contrôle;* f) *dimension écologie et culture* qui entrevoit l'intimité en relation avec les différentes composantes du contexte situationnel; g) *dimension orientation de la tâche et rituel de l'intimité* qui soulève la composante fonctionnelle de l'intimité; h) *dimension phénoménologique* qui définit l'intimité comme une expérience psychologique unique.
Johnson, C.A.	1974	Approche théorique de l'intimité qui entrevoit le contrôle personnel comme représentant le concept psychologique central de l'intimité.
Altman, I.	1975	- Approche théorique de l'intimité qui étudie cette dernière en termes de processus de régulation des interactions; - Elaboration de quatre propriétés de l'intimité : a) dialectique, b) dynamique, c) concept d'optimisation au niveau de l'intimité atteinte et l'intimité désirée,

Auteur	Année	Type d'approche
		d) multimodale; - Présentation des mécanismes pour atteindre le niveau d'intimité désirée: a) verbaux, b) non verbaux, c) environnementaux.
Margulis, S.T.	1974	Présentation des principaux auteurs qui ont travaillé au niveau du concept d'intimité (Westin, Kelvin, Laufer et autres).
Stokols, D.	1978	Présentation des principales études dans le domaine de la psychologie de l'environnement, y compris l'intimité.

B. *Propriétés essentielles*

1. Caractère dialectique et dynamique

Ce processus de régulation est dialectique en ce qu'il implique aussi bien une restriction qu'une demande d'interactions, une recherche d'équilibre entre l'accessibilité et la non-accessibilité de soi aux autres. Plus une personne est ouverte ou accessible au milieu, plus elle interagit avec lui et moins grand est son domaine privé. On peut imaginer un continuum dont l'une des extrémités caractérise le sujet totalement ouvert au monde par opposition à l'autre pôle où il est complètement fermé, la défense des sphères privées étant à son maximum. Alors que classiquement des auteurs comme Bates et Schwartz envisagent l'intimité seulement sous l'angle du retrait, de l'évitement des transactions avec l'environnement, les psychologues de l'environnement comme Proshansky, Wolfe ou Altman insistent sur cette recherche d'équilibre comme image de marque du processus.

Par caractère dynamique, on entend que les alternances de fermeture et d'ouverture, la perméabilité de cette barrière psychologique, sont fonction du temps et des circonstances.

2. Recherche d'un optimum

Il existe un degré optimal d'accès aux autres qui est recherché par chacun à tel moment précis. Deux facettes du processus doivent être prises en considération: l'intimité désirée, définie comme affirmation subjective d'un niveau idéal d'interactions au temps T, et l'intimité atteinte, qui représente le degré actuel des contacts avec le monde extérieur. Le degré optimum est donc obtenu quand le niveau d'intimité atteint est égal au niveau désiré et correspond à la pleine satisfaction du sujet. Lorsqu'il y a plus d'interactions que ne le souhaite l'individu, il y a intrusion et on se sent envahi. A l'opposé, si le niveau d'intimité atteint est plus élevé que souhaité, il y a un manque d'interactions qui définit un état d'isolement. Ici également, cette conception s'éloigne de l'optique habituelle qui fait du processus de régulation de l'intimité une variable monotonique dans le sens où la satisfaction est assurée uniquement par l'évitement des échanges.

3. Processus multimodal

Chaque personne peut utliser plusieurs mécanismes aussi bien verbaux, non verbaux qu'environnementaux, comme le comportement territorial et l'usage de l'espace personnel, pour régler ses interactions en vue d'obtenir un degré optimum d'intimité. Une fois de plus, cette caractéristique n'est pas considérée dans la perspective traditionnelle qui relie intimité de façon unimodale à l'environnement physique, comme par exemple les murs ou les portes fermées.

4. Intimité culturellement spécifique ou universelle

Dans toutes les cultures, l'intimité est indispensable au bon fonctionnement de l'ensemble social, ce qui ne l'empêche pas de demeurer suffisamment flexible pour refléter des différences interculturelles importantes.

Selon Altman et Vinsel, le processus de régulation de l'intimité est culturellement universel en ce qui concerne son caractère dialectique et dynamique. En effet, chaque personne, peu importe sa culture, a la capacité de contrôler ses interactions en étant tour à tour accessible et inaccessible. Cette alternance d'ouverture et de fermeture varie en fonction des circonstances, d'où son aspect dynamique.

Par contre, l'intimité est culturellement spécifique dans la façon dont elle est recherchée. Chaque culture privilégie des mécanismes particuliers pour atteindre ce but. C'est un fait d'observation courante, dès le moment où l'on voyage sur d'autres continents. Hall explique ces différences considérables au niveau des mécanismes spécifiques utilisés par différentes races par les écarts entre les mondes sensoriels valorisés dans ces diverses cultures. Pour certaines, le toucher est important, pour d'autres la vue, l'odorat ou l'audition. Vient s'ajouter à cette sélection particulière des données sensorielles, la langue utilisée qui structure le monde perceptif des gens qui la parlent.

A l'intérieur d'une même culture s'opère d'ailleurs une différenciation des mécanismes en fonction de la division des rôles et statuts. Dans la plupart des familles, les parents entrent sans prévenir dans la chambre des enfants, mais pas l'inverse. Au niveau des relations de travail, on imagine mal que l'employé pénètre sans prévenir dans le bureau de son patron. En général, on peut noter que plus la personne possède un statut élevé, moins l'accès à son territoire est facile. Schwartz va même jusqu'à affirmer que l'intimité est un objet d'échange au sens économique dans les sociétés capitalistes. Il faut payer la toilette en Europe, payer davantage pour une chambre d'hôpital privée ou un hôtel ayant une plage réservée aux clients...

On doit bien admettre que dans les sociétés occidentales, les gens de classe socio-économique favorisée ont beaucoup plus de facilités à modifier leur environnement et en particulier possèdent suffisamment d'argent pour payer le prix du retrait nécessaire.

C. Facteurs influençant le degré d'intimité désiré

1. Pénétration sociale

Pour systématiser l'influence de ces facteurs, il est utile de faire appel à un concept élaboré conjointement par Altman et Taylor: la pénétration sociale, qui enrichit d'ailleurs l'étude du phénomène en cause.

Cette notion est fortement reliée à celle d'inreraction dans la mesure où plus un individu interagit avec l'environnement et plus particulièrement avec les autres, plus il a de pénétration sociale. Cependant, cette variable ne peut être représentative de l'échange entre plusieurs personnes que dans la mesure où elle est envisagée en termes de profondeur et de largeur.

Par exemple, les propos échangés dans la phase initiale d'une relation restent souvent à un niveau superficiel et progressent petit à petit vers des niveaux de plus en plus profonds, de plus en plus intimes. Dans ces conditions, on peut s'acheminer vers la sphère de l'intimité partagée, le niveau le plus profond d'une relation humaine. Ce partage n'implique pas nécessairement que les protagonistes aient atteint, au même moment, le niveau le plus profond de pénétration sociale. Le terme partage ne signifie pas ici réciprocité dans la mesure où un individu peut partager avec un autre des informations qui lui sont très personnelles sans pour autant que ce dernier lui rende la pareille. D'une certaine manière, le dialogue psychanalytique représente sans doute un des cas les plus extrêmes de relation asymétrique, du moins au niveau des propos manifestes échangés entre patient et analyste.

Quant à la largeur de la pénétration sociale, elle se mesure par le nombre d'interactions survenues entre deux ou plusieurs personnes et peut se calculer au niveau de la fréquence et des catégories. Plus il y a de catégories donc de dimensions de personnalité accessibles à autrui, plus la relation a des chances d'être profonde. Pour la fréquence qui concerne le nombre de thèmes intimes contenus dans chaque catégorie, plus il y a d'interactions, plus la probabilité est grande que l'on dévoile de dimensions de sa personnalité à son partenaire.

Dès lors, il devient possible de classer profondeur et largeur de la pénétration sociale en trois niveaux :
1. celui qui se situe en dehors, à la périphérie de la personnalité, niveau accessible au public ;
2. le niveau intermédiaire ou semi-public ;
3. le niveau privé ou personnel où le centre de la personnalité est en jeu.

2. Facteurs personnels

Le niveau d'intimité désiré vient d'être défini comme une affirmation subjective donc personnelle du degré idéal d'échanges entre l'individu et son environnement, à un moment précis. Par ailleurs, il est utile de rappeler la distinction introduite par Altman et Taylor entre caractéristiques se situant sous la peau de la personne (ses besoins, valeurs et sentiments) et celles apparaissant à la surface, c'est-à-dire l'image interpersonnelle de cette même personne (apparence physique, mimiques, vêtements). Il convient de noter que les caractéristiques se situant à la surface de la peau constituent également des variables personnelles dans la mesure où elles constituent l'extériorisation de la personnalité donc des valeurs, besoins et sentiments.

Il est sans doute inutile d'insister sur le caractère dynamique de ces caractéristiques. Il est clair en effet que les besoins personnels, les habiletés, les désirs ainsi que les interactions avec l'environnement évoluent et se complexifient au fil des années. Ces mutations se répercutent sur la perception qu'a la personne de ses frontières psychologiques. De ce fait, le niveau de pénétration sociale désiré et le degré idéal d'échanges subissent des fluctuations en fonction des différents cycles de vie.

Comme l'ont montré Laufer, Proshansky et Wolfe, le jeune enfant n'est pas encore conscient de son identité personnelle et son sens de la propriété se limite aux objets. Les premières expériences de violation de la zone privée sont généralement exercées par les parents. L'enfant devient sensible au fait que pensées et actes posés sous aucun regard ne seront dévoilés que s'il accepte volontairement de le faire. Ainsi apprend-il à contrôler la largeur et la profondeur de ses révélations de lui-même ainsi que le degré de contact qu'il désire avec le milieu immédiat. A l'autre extrême, les personnes âgées, étudiées par Pastalan, expriment une expérience considérable de solitude et même d'isolement. Elles acceptent plus facilement que les jeunes de partager les aspects intimes de leur vie.

Au niveau du rôle de la personnalité, il semble qu'un certain nombre d'individus expriment spécialement un besoin d'affiliation qui les pousse à multiplier les interactions avec l'environnement social. Ces sujets ont généralement tendance à se révéler assez facilement aux autres. Les caractéristiques personnelles de leurs partenaires ainsi que les propriétés du milieu dans lequel se produit la relation influencent très peu la largeur et la profondeur de leur pénétration sociale. Tout se passe comme s'ils parviennent plus facilement que d'autres au stade de l'intimité partagée.

3. Coûts et gains de la relation

De manière générale, plus une relation se développe entre partenaires, plus des aspects personnels deviennent mutuellement accessibles. La progression du lien en termes de profondeur ou sa détérioration sont fonction des coûts et gains obtenus par les individus en contact. Toute relation ne peut progresser que dans la mesure où la somme des gains pris dans un sens large est supérieure à la somme des coûts. La notion de gain représente la satisfaction, la gratification qu'un acteur social obtient dans l'échange avec autrui. Quant aux coûts, ils se traduisent sous forme d'efforts physiques ou psychiques, d'embarras ou d'anxiété. Les coûts comme les gains peuvent provenir de facteurs exogènes et endogènes à la relation. Les facteurs exogènes sont indépendants de la relation, ce sont les caractéristiques personnelles situées sous la peau (valeurs, sentiments, besoins). A l'opposé, les facteurs endogènes ou interpersonnels sont intrinsèques à la relation, il s'agit de dimensions comme l'amour, le pouvoir, le statut, la réciprocité des échanges, etc...

Pour Jourard, la réciprocité ou l'effet dyadique est intrinsèque à chaque échange interpersonnel et se construit à partir des conséquences entraînées par un certain degré d'ouverture aux autres. L'effet dyadique est accentué par des résultats positifs et diminué par des résultats négatifs. Dans cette ligne de pensée, Worthy considère que l'accessibilité d'une personne dans une relation est en soi gratifiante pour celui qui joue le rôle de récepteur de la communication. Ce dernier aura d'ailleurs tendance à se révéler davantage, comme si l'ouverture engendrait l'ouverture, entraînant les protagonistes vers des niveaux de plus en plus profonds en termes de pénétration sociale.

La réciprocité est donc un facteur endogène à la relation qui provoque plus de gains que de coûts, mais présuppose une condition essentielle. Plusieurs auteurs, dont Rubin et Jourard, ont insisté sur ce prérequis: la confiance mutuelle entre partenaires. Cosby suggère que la réciprocité se manifeste à tous les niveaux de profondeur de la relation, mais à des degrés variables. Ainsi, la réciprocité serait à son maximum aux niveaux superficiels de l'échange et diminuerait graduellement jusqu'aux niveaux les plus intimes. Cette tendance s'explique par le fait que les aspects superficiels du «moi» sont évidemment plus accessibles aux autres et donc moins affectés par les conséquences sociales. De plus, la perception que l'individu a de la durée possible de la relation exerce une influence considérable quant à la réciprocité. Plus le sujet anticipe que la relation sera de longue durée, plus il est prudent quant à son degré de transparence. Plus la relation est appréhendée comme transitoire, plus certains seront enclins à partager des propos intimes. Ce sont les expériences familères du type de rencontre qui peut se produire dans les transports en commun ou pendant les vacances à l'étranger. Ceci s'explique car les conséquences sociales provoquées par les révélations de soi sont minimes du fait que chacun reste malgré tout un inconnu pour l'autre, qu'il ne reverra peut-être jamais. Dans ce genre de contexte, les gains sont donc supérieurs aux coûts. Les séminaires de dynamique de groupe utilisent d'ailleurs au maximum les possibilités offertes par de telles situations.

4. Contexte situationnel

Il est possible de concevoir l'intimité non seulement en termes d'interactions, mais comme notion qualifiant un endroit donné. On sait que les lieux peuvent se catégoriser en espaces publics, semi-publics et privés. Or les qualités de l'environnement suscitent des niveaux d'échanges très différents. Dans les endroits publics, comme les grands magasins, les gares, les transports en commun, les contacts sont forcément superficiels et relèvent de l'ordre de l'échange de services. Pour Hall, ce sont des endroits sociofuges par opposition aux lieux sociopètes qui favorisent les échanges plus personnels : bars, clubs privés, discothèques... Dans ce type d'espace, la pénétration sociale est suscitée par des éléments du cadre comme la décoration, la disposition du mobilier, la musique d'ambiance, le niveau d'éclairage. Pastalan a justement signalé que souvent ces endroits sociopètes se situent en retrait, parfois à l'extérieur des villes, cachés par une rangée d'arbres, parfois derrière une clôture quand il s'agit du centre-ville.

Enfin, des espaces à caractère privé, la maison ou l'appartement, la chambre d'un membre de la famille, le bureau du patron, sont normalement témoins des échanges les plus intimes. Ici, s'exerce le plus souvent un contrôle sévère au niveau de la qualité et de la quantité des gens qui y ont accès. Le contexte situationnel représente donc manifestement un type particulier de mécanismes utilisés pour atteindre un niveau d'intimité désiré.

Les qualités de l'espace, public, semi-public, privé, influencent donc le choix de ces mécanismes ainsi que les résultats obtenus quant au niveau d'intimité souhaité.

Tableau III

PRESENTATION DES PRINCIPAUX AUTEURS QUI ONT TRAVAILLE AU NIVEAU DES FACTEURS INFLUENÇANT LE DEGRE D'INTIMITE DESIRE

Auteur	*Année*	*Facteurs étudiés*
Jourard, S.M.	1959 1971	*Coûts et gains de la relation:* la réciprocité au niveau des échanges interpersonnels
Marshall, N.J.	1970 1972	*Facteurs personnels:* élaboration d'un instrument pour mesurer le degré préférentiel d'intimité chez les individus PPS (Privacy Preference Scale)
Pastalan, L.A.	1970	*Facteurs personnels:* l'intimité chez les personnes âgées

Hall, E.T.	1971	*Contexte situationnel:*
		1. espace à organisation fixe: les bâtisses
		2. espace à organisation semi-fixe:
		   - sociofuge
		   - sociopète
		3. espace informel: important au niveau des relations humaines

Altman, I.	1973	*Coûts et gains de la relation:* la réciprocité au niveau des échanges interpersonnels
Altman, I. Taylor, D.A.	1973	Présentation du concept de pénétration sociale *Facteurs personnels:* - sous la peau de l'individu - sur la peau de l'individu *Coûts et gains de la relation:* réciprocité au niveau des échanges interpersonnels Définition de la notion de coût et de gain *Contexte situationnel:* description des différents niveaux de profondeur de la pénétration sociale en fonction du type de contexte situationnel c'est-à-dire privé, semi-public et public
Laufer, R.S. Proshansky, H.M. Wolfe, M.	1973	*Facteurs personnels* - dimension du cycle de la vie - dimension biographie et histoire *Contexte situationnel* - dimension écologie et culture
Pastalan, A.	1974	*Contexte situationnel:* étude du niveau préférentiel d'intimité chez les gens vivant en institution
Altman, I. Taylor, D.A.	1975	*Coûts et gains de la relation* en termes d'ouverture du moi aux autres

D. Mécanismes utilisés pour atteindre le niveau d'intimité désiré

1. Verbaux et non verbaux

Pour la communication verbale, il est utile de différencier contenu et structure. Le contenu verbal contient la substance de la communication, c'est l'ensemble de ce que dit l'interlocuteur. Pour contrôler les interactions sociales, il est fréquent d'utiliser les expressions «je ne veux pas être dérangé» pour rester seul ou «puis-je m'asseoir à votre table?» qui suppose au moins une demande d'échanges. L'aspect structural du comportement verbal englobe les dimensions caractéristiques du langage, prononciation, qualité et force de la voix, vitesse du débit...

Les mécanismes verbaux semblent relativement plus efficaces dans la mesure où ils donnent moins l'occasion d'une fausse interprétation de la part du récepteur.

Les mécanismes non verbaux impliquent toutes les parties du corps dans la transmission d'un message : position des bras et des jambes, gestes, mouvements de tête, expression du visage. On sait que de nombreux courants de thérapie exploitent au maximum ce niveau d'interaction entre membres du groupe.

2. L'environnement immédiat

Si le comportement humain est influencé plus qu'on ne le pense généralement par le milieu ambiant, cet environnement peut, à son tour, être transformé par l'action des hommes. Ainsi, chacun peut modifier, dans une certaine mesure, l'environnement au gré de ses attentes, et notamment vouloir contrôler ses interactions avec le milieu. Pensons aux caractéristiques architecturales comme les portes, les murs, les clôtures, dans notre société occidentale. En plus de ces éléments qui appartiennent au construit physique, l'homme régularise ses interactions en utilisant l'espace qui l'entoure, les distances physiques qui le séparent d'autrui ou les zones géographiques...

Tableau IV

PRINCIPALES CONCLUSIONS DES RECHERCHES PRESENTEES PAR ALTMAN ET VINSEL (1976) CONCERNANT LES DIFFERENTS FACTEURS INFLUENÇANT L'UTILISATION DES QUATRE CATEGORIES DE DISTANCE DE HALL

Facteurs étudiés	*Conclusion*
Intrusion et invasion spatiales	- En général, les individus ressentent une tension, un stress lorsqu'ils subissent une invasion et lorsqu'ils effectuent une intrusion. En fait, lorsque les gens ont le choix, ils préfèrent éviter l'intrusion soit d'un groupe ou d'un individu. - Les femmes ont plus de réactions négatives que les hommes à l'invasion, indépendamment du sexe de l'individu qui effectue l'intrusion.
Caractéristiques individuelles	- Les hommes sont approchés de moins près que les femmes. - Les gens habillés de façon conventionnelle sont approchés de plus près que les gens habillés de façon excentrique. - Les gens qui possèdent un pouvoir formel ou informel, qui sont confiants ou dominateurs sont plus disposés à approcher et à être approchés de près comparativement à ceux qui possèdent moins de pouvoir. - Les gens qui sont perçus comme puissants et dominateurs sont approchés de moins près que ceux qui sont perçus comme moins puissants. - Les groupes mixtes sont approchés de moins près que les groupes homogènes.
Facteurs interpersonnels	2 grands types de variable : la similarité et la connaissance. - Les individus utilisent de plus petites distances lorsqu'ils interagissent avec des gens semblables à eux, en termes de sexe, d'âge, de statut et ainsi de suite. - Les individus utilisent de plus petites distances lorsqu'ils interagissent avec des gens qu'ils connaissent et avec lesquels ils ont eu des expériences positives. - La distance physique utilisée par les femmes, lors d'une interaction, est plus affectée par la variable « connaissance du partenaire » que chez les hommes.
Facteurs situationnels (privé/public)	- C'est habituellement dans les endroits privés que la distance intime est utilisée, du moins en ce qui concerne les Nord-Américains. - La distance publique est utilisée pour les échanges de services qui sont typiques des endroits publics.
Autres facteurs	La distance spatiale est liée à d'autres canaux de communication tels l'olfaction, la vision, la kinesthésie, l'audition et ainsi de suite. - Lorsqu'un individu perçoit que la distance qui le sépare de son partenaire est trop petite, il montre des signes d'inconfort comme : - son corps est orienté dans le sens opposé de celui de son partenaire ;

Facteurs étudiés	Conclusion
	- il penche la tête; - il regarde à droite et à gauche. - Les contacts des yeux entre les individus augmentent lorsque ces derniers interagissent à des distances plus grandes. - Lorsque les individus sont trop près l'un de l'autre, ils se regardent moins dans les yeux. Il semble que cela soit un signe d'inconfort.

E. Fonctions de l'intimité

Au niveau de la vie quotidienne, on peut se demander quelle est l'utilité de pouvoir contrôler, à des degrés divers et de plusieurs façons, ses interactions avec l'environnement? L'intimité n'est pas un état d'autosuffisance, ni une fin en soi, mais bien un instrument qui permet à la personne d'atteindre ses buts, les états d'être indispensables à son bon équilibre psychique, selon la formule de Jourard. Parmi ces objectifs, se retrouvent l'évaluation personnelle, la formation de l'identité du moi, la libération émotionnelle ainsi que la limitation et le maintien de communications vivantes avec autrui. A cet égard, Bates et Westin concluent à peu près dans le même sens: une personne ayant peu de contacts avec le monde extérieur est plus en mesure d'assimiler le flux d'informations, d'évaluer ses expériences et de planifier son action future. La fonction de l'intimité consiste à faciliter l'établissement de plans et stratégies pour le «commerce» avec autrui. L'évaluation personnelle est au service de l'identité du moi dans la mesure où celle-ci est fonction de l'habileté à définir ses propres limites et frontières. Cette compétence s'acquiert par essais et erreurs en explorant différents types de stratégie. Si la personne ne parvient pas à atteindre le niveau d'intimité désiré, elle risque de développer une image négative et se sent incompétente à entrer en contact avec son milieu. Si, au contraire, les mécanismes utilisés s'avèrent efficaces, elle a beaucoup de chance de développer un sens de l'autonomie personnelle. Selon Westin, cette dimension représente le sens de l'intégrité et de l'indépendance et permet en particulier d'échapper aux manipulations des autres.

Pastalan exprime la même idée quand il considère que l'autonomie développée par l'intimité est vitale pour la création de la personnalité et la prise de conscience des choix de vie personnels.

Une autre fonction importante réside dans les possibilités de libération émotionnelle. La relation constante avec autrui engendre de multiples tensions. Pour les assumer sans dommage physique ou psychique, la personne doit s'accorder des périodes de retrait où une détente émotionnelle est facilitée. Dans ces temps privilégiés, il est facile de laisser tomber sa façade sociale, son masque. Hall a d'ailleurs envisagé les éléments architecturaux comme des écrans derrière lesquels l'individu peut oublier périodiquement ses strates protectrices du moi pour se laisser aller et être simplement lui-même.

Pour Westin, l'intimité sert de soupape de sûreté en permettant aussi l'extériorisation de sentiments forts, comme la colère ou la tendresse. Le retrait peut jouer de plus un rôle de protection nécessaire dans les périodes d'anxiété ou de créativité intenses.

Enfin, chacun peut limiter ses confidences à ceux en qui il place sa confiance en utilisant les mécanismes verbaux, non verbaux et environnementaux dont il a été question dans cette section.

Section 4
Comportement territorial, densité sociale et expérience de « crowding »

Les notions de territoire et de territorialité ont évidemment fait l'objet d'un nombre considérable d'études s'attachant à diverses espèces animales de la part des éthologues. Des observations comme celles de Lorenz sur l'agression sont d'un grand intérêt pour les psychologues de l'environnement qui y trouvent davantage des raisonnements analogiques que la production d'explications directement applicables. D'emblée, on peut faire une nette distinction entre le territoire chez les animaux et chez les humains, à partir des éléments suivants :

1. L'utilisation du territoire chez l'homme est davantage une question d'apprentissage. Elle est très variable et ne ressemble pas aux expressions stéréotypées retrouvées chez les animaux, qui reposent sur une base génétique.
2. L'association entre la défense du territoire et les comportements agressifs n'est pas aussi évidente quand il s'agit de l'homme.
3. Les territoires servent d'abord des besoins biologiques chez l'animal (recherche de nourriture, abri, etc.), alors que chez les êtres humains, ils satisfont très souvent des objectifs secondaires (de loisir par exemple).
4. Les animaux utilisent habituellement un seul espace pendant des périodes continues. Au contraire, l'homme peut très bien partager son existence entre plusieurs territoires, situés à des endroits différents (domicile, résidence secondaire, bureau, etc.).
5. L'invasion totale du territoire, d'ailleurs rare chez les animaux, ne se présente chez l'homme qu'en cas de guerre et les armes utilisées lui permettent souvent de s'engager dans le conflit sans y laisser sa vie, comme pour les espèces inférieures.

Pour Altman et Sundstrom, la territorialité implique l'utilisation exclusive des espaces et des objets par des personnes et des groupes. Stea considère le comportement territorial comme la traduction du désir de posséder et d'occuper des portions de l'espace et de les défendre, si nécessaire, contre les intrusions d'autrui. Ce comportement implique, selon Lyman et Scott, la tentation de contrôler l'espace. Quant à l'empiètement d'autrui, il peut prendre la forme d'une invasion, d'une violation ou d'une contamination. Les mécanismes de défense utilisés sont également très variés, depuis l'interdiction de passer sur le gazon jusqu'à la collusion linguistique.

De manière générale, Sommer définit le territoire comme une zone contrôlée par une personne, une famille ou une collectivité restreinte. Il est souvent personnalisé et marqué, de manière à être défendu. Au niveau humain, son contrôle se manifeste souvent davantage par une possession actuelle ou potentielle que par des combats ou agressions physiques. Dans une optique très voisine, Pastalan voit dans le territoire essentiellement un espace destiné à une personne ou un groupe, qu'ils utilisent et défendent comme exclusivement réservé à eux. Ceci suppose une identification psychologique au lieu, symbolisée par des attitudes de possession et une organisation personnelle des objets dans l'espace. Plusieurs recherches récentes ont porté sur l'utilisation de la territorialité comme mécanisme de contrôle des interactions avec le milieu. Pour éviter un trop grand recoupement avec les sections précédentes, on se limitera ici à en présenter un tableau résumant les principales (tableau V). Toutefois, la mise en relation des dimensions de la territorialité définies par Altman et les états de l'intimité selon Westin, telle que proposée par Pastalan, a retenu notre attention et est reprise en détail dans le tableau VI ci-contre.

Tableau V

PRESENTATION DE QUELQUES RECHERCHES EFFECTUEES AU NIVEAU DE L'UTILISATION DE LA TERRITORIALITE COMME MECANISME DE CONTROLE DES INTERACTIONS AVEC LE MILIEU

Auteur	Année	But de la recherche
Altman, I.	1970	Présentation des quatre grandes dimensions issues de la définition de la territorialité : a) la forme du comportement, b) le contexte situationnel, c) les facteurs antécédents, d) les facteurs de motivation.
Pastalan, L.	1970	Etude de la variation des quatre dimensions de la définition de la territorialité d'Altman (1970) en fonction des quatre états de l'intimité de Westin (1967) qui sont : a) la solitude, b) l'intimité, c) l'anonymat, d) la réserve.
Altman, I. Taylor, D. Wheeler, L.	1971	Etude du comportement territorial chez des couples de marins isolés pendant une période de 8 jours.
Edney, J.J.	1972	Etude de la relation entre la permanence de l'occupation d'un endroit par un individu et son comportement territorial : 1. plus il y a de permanence de l'occupation, plus il y a de comportements territoriaux visibles, 2. plus il y a de permanence de l'occupation, plus l'individu répond rapidement à la présence des étrangers.
Goffman, E.	1972	Présentation d'une classification de la territorialité humaine en 3 catégories : 1. territoire fixe, 2. territoire situationnel, 3. territoire égocentrique. Elaboration de 6 formes de violation du territoire : 1. invasion par le corps : être touché par un autre, 2. possession du corps de l'autre : attaque sexuelle, 3. pénétration des yeux, 4. intrusion du son, 5. parler à quelqu'un dans un temps inopportun (ex.: pendant une conversation importante avec un autre individu), 6. contamination par différentes formes de déchets corporels.

Auteur	Année	But de la recherche
Becker, F.D.	1973	Etude de l'utilisation des marqueurs territoriaux en relation avec le degré d'attachement des individus à cet emplacement (corrélation positive).
Altman, I.	1975	Présentation d'une classification des territoires basée sur leur association avec les fonctions des groupes primaires et secondaires ainsi que des groupes de références.
Altman, I. Sundstrom, E.	1976	Etude de la relation entre la dominance sociale et la territorialité.
Edney, J.J.	1976	Présentation du contenu de plusieurs recherches dans le domaine de la territorialité animale et humaine.
Stokols, D.	1978	Présentation des principales études dans le domaine de la psychologie de l'environnement, y compris la territorialité.

Edney a beaucoup insisté sur le fait que la territorialité humaine ne devrait pas être vue avant tout comme un phénomène de défense de la propriété, mais plutôt comme un organisateur important du comportement à différents niveaux. En effet, la vie sans territoire serait probablement caractérisée par des réponses élémentaires et inefficaces tant aux points de vue personnel que social. La territorialité joue un rôle central, spécialement en limitant la densité de la population pour les différentes communautés qui se partagent l'espace disponible.

Abordons à présent la notion de densité sociale et sa distinction par rapport au phénomène psychologique qu'elle provoque. Ici également, ce sont les travaux de psychologie animale qui ont été au point de départ d'un important courant de recherches. Dès 1962, les études de Calhoun, sur des rats confinés dans un espace limité avec un accès restreint à la nourriture et à l'eau, mettent en évidence l'apparition de perturbations du comportement sexuel et des soins maternels, entraînant une mortalité infantile élevée. Dans une revue critique, Stockdale fait plusieurs remarques intéressantes :

Tableau VI

RELATIONS ENTRE LES 4 DIMENSIONS DE LA TERRITORIALITE D'ALTMAN ET LES ETATS DE L'INTIMITE DE WESTIN, D'APRES PASTALAN

INTIMITE (Westin)	Forme du comportement	Contexte situationnel	Facteurs antécédents	Facteurs de motivation (Altman)
Solitude	Retrait physique du champ de vision des associés primaires et secondaires aussi bien que du public; rapports verbaux; possession complète et réponses défensives.	Appuis de l'environnement pour contrôler le flot d'informations; lieu: *personne seule*.	Pression des multiples rôles à jouer; incompatibilité des rôles; incompatibilité interpersonnelle; défaite.	Dégagement des observations visuelles; évaluation du moi; pour se démasquer et être seul; pour satisfaire des fonctions corporelles.
Intimité	Retrait physique des associés secondaires et du public; réponses préventives anticipées, possession complète et réponses défensives.	Appuis de l'environnement pour contrôler le flot d'informations; lieu: *petit groupe*.	Compatibilité ou incompatibilité interpersonnelle et au niveau des relations de rôles.	Besoin de fermeture aux autres, relaxation, relation franche, égalité, partage de confidences.
Anonymat	Mélange psychologique et physique avec le public; défense à travers des marques personnelles* et rapports verbaux.	Le flot d'information est contrôlé à travers le fusionnement dans le paysage situationnel; utilisation des espaces ouverts, grand nombre de gens et d'objets.	Les responsabilités de rôle demandent une adhésion complète au comportement attendu; relations anonymes.	Besoin d'évasion au niveau de l'identification personnelle et des responsabilités de toutes les règles de comportements et de rôles; partage anonyme de confidences.
Réserve	Barrière psychologique contre les intrusions non voulues; défense à travers des marques personnelles et rapports verbaux.	Contrôle du flot d'information à travers la contrainte personnelle et la discrétion consentie des associés.	Réserve et indifférence réciproques; distance mentale pour protéger la personnalité.	Besoin de limiter la communication au sujet de soi.

* Voir définition de la territorialité.

1. la variable densité n'est pas la variable unique qui joue un rôle dans la manifestation des comportements provoqués;
2. même si la recherche de Calhoun a servi de modèle à plusieurs autres, des travaux ultérieurs montrent que certains animaux sont davantage perturbés que d'autres;
3. une augmentation de densité entraîne une croissance de la taille de la population, qui est normalement accompagnée de comportements déviants plus fréquents.

Une autre orientation de recherches consiste dans les travaux de la sociologie urbaine. Depuis 1959, date à laquelle remontent les premières recherches de Chombart de Lauwe, se sont multipliées les enquêtes qui tentent de trouver des corrélations entre la densité sociale et des données socio-économiques et démographiques. Ces enquêtes ont surtout utilisé, à défaut de mieux, des critères quantitatifs simples comme le nombre de personnes par pièce, le nombre de familles par logement, le nombre d'appartements par immeuble ou encore le nombre d'habitations par quartier. En général, on peut avancer que ces recherches urbaines d'allure démographique ont surestimé les effets de la densité élevée sur la pathologie sociale. L'expérience du psychologue clinicien le conduit souvent à considérer que l'isolement a des effets plus convaincants par rapport à la santé mentale.

Quant aux études expérimentales chez l'homme, elles doivent beaucoup aux efforts de Freedman à partir de 1970, visant à mesurer les effets négatifs de la densité sur la performance dans l'accomplissement d'une tâche et le degré de satisfaction des acteurs. Dans cette ligne de recherches, le phénomène a été étudié en multipliant le type d'indicateurs utilisés:
1. la mesure des comportements visant à augmenter son espace;
2. les commentaires subjectifs quant aux contraintes et à l'inconfort ressenti;
3. des indices de tension observables, comme les conduites d'agression, les rires, la réduction du contact visuel;
4. des indicateurs physiologiques de stress.

C'est Stokols qui a proposé une distinction entre les notions de densité sociale et le phénomène psychologique qu'elle provoque. En effet, la densité est un concept neutre qui consiste tout simplement en une limitation d'accès à l'espace alors que le «crowding» est une impression subjective ayant une connotation forte, généralement négative. La progression des travaux des quinze dernières années relativement à ce phénomène est marquée, selon Stokols, par quatre périodes:

1. De 1960 à 1969: ce sont des travaux d'inspiration sociologique, mettant en évidence l'impact négatif de la densité élevée sur le taux de crimes, de suicides et de maladies. Cette corrélation positive entre densité sociale et pathologie est souvent obtenue en l'absence de contrôles méthodologiques rigoureux; par ailleurs elle pourrait s'expliquer tout aussi bien par des variables comme la pauvreté ou la condition insalubre des logements. Cette phase initiale de la recherche sur les humains identifie généralement la densité et le stress et suggère aux planificateurs d'éviter la création d'immeubles et de quartiers résidentiels à forte densité.

2. De 1969 à 1971: ce sont les travaux empiriques, comme ceux de Freedman, qui vont généralement aboutir à la conclusion d'effets négligeables sur le bien-être psychologique et physique des sujets d'expérience. Pendant cette période, les planificateurs se tournent d'ailleurs vers d'autres variables plus percutantes comme la pollution, la pauvreté ou la discrimination raciale.

3. De 1971 à 1973: c'est le prolongement de la période précédente, où la distinction entre densité et expérience de «crowding» sera proposée et reprise par plusieurs auteurs, même si Griffitt et Freedman continueront à la trouver inutile. Des efforts sont déployés également en vue de préciser les déterminants du phénomène. On s'oriente vers la recherche des conditions de densité élevée susceptibles de susciter ou non l'impression d'entassement et de stress pour les gens qui y sont soumis, comme dans le graphique ci-dessous (figure I).

4. De 1974 à nos jours: se multiplient les tentatives d'élaboration de nouveaux concepts relatifs à l'expérience de

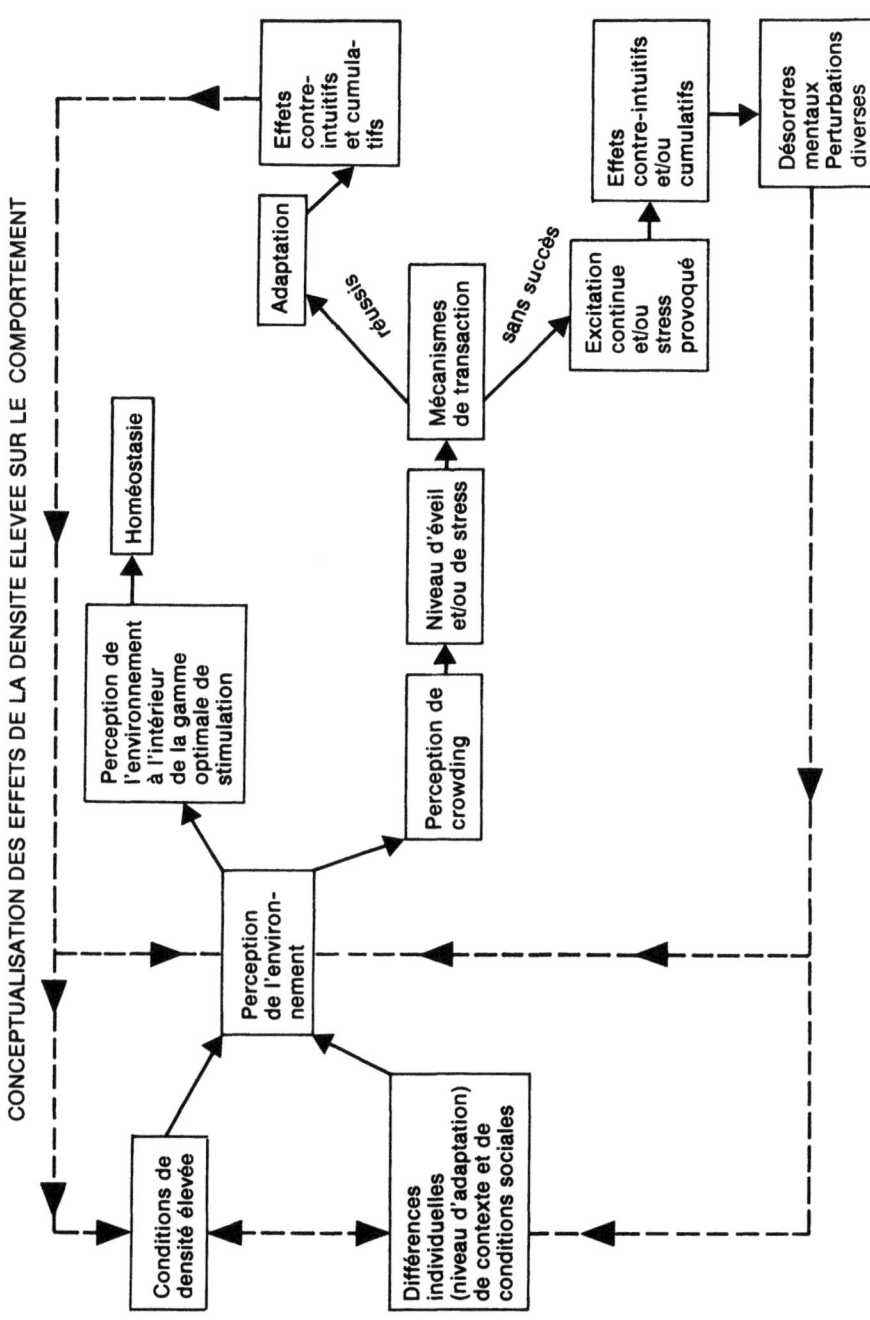

Figure I.

« crowding ». Stokols en particulier propose une analyse qui postule la perception par le sujet d'un contrôle inadéquat de l'environnement spatial et social. Il souligne l'influence du type d'environnement considéré (primaire et secondaire) pour en arriver à proposer une typologie des expériences de « crowding » susceptible d'orienter les recherches futures. Stockdale, à partir d'une critique des modèles existants, soit en termes d'input (le nombre et le niveau de stimulations reçues) soit en termes d'output (la série des comportements possibles par rapport à ceux qui sont préférés), propose un cadre de référence plus large. Selon cette psychologue sociale, il importe de s'éloigner des tentatives d'opérationnalisation simpliste et de prendre en considération la surstimulation dans un espace social et un environnement définis dans le sens de Milgram, des contacts sociaux inhabituels et inappropriés comme l'a souligné Esser, la stimulation excessive de sources variées, l'interaction sociale non désirée ainsi que la surexposition à la vue d'autrui. Le stress lié au « crowding » se présenterait surtout quand l'atteinte de nos objectifs interfère avec la présence d'autrui. Comme pour l'intimité, le phénomène de « crowding » se produirait en cas de mauvaise régulation, c'est-à-dire contrôle inadéquat en termes de nombre, de niveau d'adéquation des stimuli ainsi que des options de comportement pour y répondre. Ce manque de contrôle et de choix risque naturellement de devenir la réaction la plus fréquente aux contextes sociaux gouvernés par des principes organisationnels complexes, qui dépassent nos possibilités de solution de problèmes. Dans cette conception élargie, le phénomène serait alors une étiquette pour désigner cette réponse. Ce serait une impression correspondant à une perte de contrôle dans le cheminement de nos projets vers leur but, dans la mesure où on peut la relier à des caractéristiques de l'environnement social (présence d'autrui) et physique (aménagement du cadre de vie). Interviendrait aussi, mais dans un sens différent de Worchel, le phénomène d'attribution. Par exemple, à partir d'un seuil d'éveil sensoriel créé par la violation de son territoire, la personne attribue son inconfort à ceux qui le partagent. L'intrusion n'est cependant qu'une dimension du phénomène, la pression du temps jouant un rôle décisif dans l'appréciation du stimulus interférant. L'espace est donc, comme le temps, une ressource rare par rapport à laquelle nous avons à faire souvent des choix qui sont un élément de stress potentiel.

Le concept de «crowding» est de nature multidimensionnelle et les études futures devront tenir compte d'un nombre considérable de variables, comme la taille du groupe et sa structure, la nature de la tâche, la rareté des ressources, les caractéristiques proprement environnementales...

Chapitre III
L'écosystème urbain

> « *Le grand mal des cités, c'est la solitude, l'isolement dans la foule, qui oblige chaque individu à décider seul et pour lui-même, pratiquement sans modèle et sans contrôle, de son comportement.* »
>
> Cortez

Section 1
Espace personnel et régulation de l'intimité en milieu urbain

Dans les chapitres précédents, il est apparu au lecteur un inévitable recouvrement entre les concepts d'espace personnel et d'intimité, tant il s'agit en fait de notions voisines et ceci en dépit d'un effort délibéré d'en présenter surtout les aspects différenciés. Dans une tentative de les appliquer au cadre de vie urbain, nous avons choisi de les traiter ensemble dans le même chapitre. Au préalable, il importe de définir au moins les principales composantes de cet écosystème.

Si la problématique urbaine a été abordée à la manière de Castells en considérant l'organisation de l'espace comme un processus d'organisation et de développement à partir du rapport des forces productives, des classes sociales et des formes culturelles, il y a place à moyen terme pour une approche d'écologie sociale inspirée par des psychologues comme Bronfenbrenner, Moos ou Stokols.

Intuitivement, on pourrait déjà indiquer la coupure du citadin avec les éléments naturels et ses rythmes. Rien que le spectacle permanent du ciel manque à l'expérience urbaine. Il ne faut pas sous-estimer non plus la médiation quasi artificielle du construit et ses effets non désirables, comme les courants d'air dans les rues de New York, véritables couloirs de vents entre gratte-ciel, ou dans les bouches de métro de Bruxelles ou Montréal.

A. *Caractéristiques du cadre de vie urbain*

La définition du cadre de vie urbain prend évidemment des connotations diverses selon les dimensions privilégiées par l'urbanisme, l'architecture, l'économie, le droit, les sciences politiques ou psycho-sociales.

Classiquement, les éléments le plus souvent mentionnés sont:

1. la forte densité de population et la concentration des services et équipements spécialisés;
2. la fragmentation des activités (travail, loisirs, etc.);
3. l'hétérogénéité et la ségrégation des habitants en fonction des catégories socio-économiques;
4. la mobilité des citadins: nombreux déplacements de la périphérie au centre, sans parler des changements de postes et de lieu de résidence, spécialement en Amérique où une personne sur cinq déménage chaque année;
5. plus récemment apparaît la diminution de la valeur d'efficacité du centre-ville et une tendance à la dissolution de la famille.

Malgré la diversité des multiples conceptualisations, il est possible de dégager certaines lignes de force. Une psychologie urbaine fait ressortir la tendance de l'homme à construire sur des oppositions (forme et fond, dedans et dehors, vide et plein, concentration et isolement) et suggère l'élaboration d'une théorie de contrastes comme éléments nécessaires à une dynamique vitale. Moles et Rohmer décrivent très bien l'alternance de deux modes de vie à laquelle s'expose l'être social. Le premier mode apparaît concentré, dense, impliquant la présence permanente d'autrui, contrairement au second mode de vie, dispersé, où tout contact dépend d'un déplacement, d'un acte volontaire.

Comment expliquer le regroupement humain, quelles sont les raisons essentielles qui militent en faveur de la concentration urbaine ? Moles propose d'abord la défense, le principe du moindre effort et une créativité diffuse liée aux échanges sociométriques. Il est facile de prévoir que deux de ces facteurs peuvent devenir contradictoires. Pour survivre et se développer, le groupe humain a intérêt à augmenter sa densité, mais cette croissance nécessite rapidement un contrôle social lié à une restriction des activités en fonction de la présence des autres. De ce fait, se produit fréquemment de la rigidité, du conformisme social, donc des entraves à la créativité. Expliquer le besoin d'interactions sociales par l'instinct serait assumer que dans son processus évolutif, l'homme développerait une réponse pré-programmée qui l'inciterait à s'associer aux autres membres de son espèce. Par contre, Linder oppose la thèse d'une sélection naturelle qui reposerait sur l'intelligence. Ainsi, les organismes plus doués peuvent survivre et s'adapter à l'environnement, en apprenant à s'organiser en communautés dotées d'une structure sociale susceptible d'augmenter leur potentiel de survie. Les travaux anciens de Festinger, Pepitone et Newcomb ont permis de mieux comprendre les besoins spécifiques ne pouvant être satisfaits que par le contact interpersonnel. Ces psychologues sociaux suggèrent de les diviser en deux classes :
1. ceux qui touchent au statut, à l'approbation, qui impliquent la mise en valeur de l'invividu et nécessitent visibilité sociale et identification de l'individualité;
2. ceux dont la satisfaction exige d'être confondu avec le groupe et correspondent à une recherche d'anonymat dans lequel le sujet ne peut être ni identifié ni distingué.

Malgré le caractère unique de l'expérience urbaine de chacun, Lee croit pouvoir déceler la formation de normes qui peuvent, par exemple, différencier l'architecte et l'utilisateur de l'espace. Pour Moles et Rohmer, l'architecte traditionnel est avant tout un observateur puis un technicien de l'espace.

C'est une matière qu'il manipule et sa tâche consiste à répartir des êtres dans un certain nombre de cellules. Son action vise essentiellement la répartition et la coexistence suivant des règles rationnelles. La résident conçoit le monde environnant dans les limites de l'emprise qu'il a sur lui. Il perçoit souvent l'architecte comme celui qui lui fournit un service spécialisé : l'équipement homéostatique de son espace privé. Il s'en réfère à son propre jugement, construit à partir d'une image du monde et du sens de son appropriation. Accorder ces deux points de vue et cadres de référence constitue un défi de taille et explique un certain nombre de malentendus dans la vie quotidienne.

Dès le début du siècle, Simmel s'attache à montrer que le milieu urbain empêche l'individu de répondre normalement au nombre excessif de stimulations. Pour contrecarrer les pressions de la densité et préserver son énergie psychique, le citadin serait ainsi encouragé à maintenir plus de distance par rapport à autrui. Miller identifie des stratégies d'adaptation pour supporter la surcharge. Le citadin dispose de peu de temps pour évaluer les informations provenant de l'environnement, consacre moins de temps à chaque « input » et a tendance à ne pas tenir compte des stimuli moins prioritaires. La vie urbaine se caractérise par un transfert fréquent des responsabilités sur les autres et la création d'institutions spécialisées pour absorber les « inputs ». On sait combien un environnement social et physique surchargé tend à dépersonnaliser les relations humaines. Une vie équilibrée n'est possible qu'à condition de restreindre les contacts plus personnels à un nombre limité de personnes.

De Jonge a exprimé l'idée que chacun ne peut vivre au milieu d'une multitude d'êtres humains qu'en manifestant une indifférence relative envers la majorité des gens. De plus, cet auteur formule l'hypothèse d'une relation de complémentarité entre fonctionnement familial et organisation sociale. Dans les villes de population dense, la famille et la maison sont fermées aux étrangers bien que la société en général reste plutôt ouverte. Au contraire, dans les régions rurales moins populeuses, la société tend à se fermer alors que la famille demeure relativement accessible aux éléments externes. Enfin, les familles sont relativement ouvertes, malgré un isolement par rapport à la société globale, dans les bas quartiers des cités. Pour survivre dans un univers d'étrangers, nous devons réduire le caractère non familier de cet environnement et organiser nos villes de manière à pouvoir identifier les personnes inconnues jusqu'à un degré suffisant d'exactitude. Nous créons tel ordre spatial sans tenir suffisamment compte des effets contre-intuitifs ainsi provoqués. On a pu dire justement que toute ville est à l'image de l'homme qui l'habite et il est clair que le rapport qui lie la personne à la dimension culturelle se caractérise par un façonnement réciproque.

En découle un autre aspect important : l'émergence de tel type d'homme produit par telle ville. Ainsi, l'homme cosmopolite des grandes cités doit maîtriser une compétence relationnelle nouvelle suivant des modes que la vie urbaine impose progressivement et souvent à son insu. Le type de citadin contemporain n'a pas perdu la capacité de connaître les autres individuellement et personnellement, mais il a souvent développé une connaissance d'autrui uniquement par catégorisation réductrice. Comme le souligne Hall, l'écosystème urbain n'a pas perdu toute opportunité pour une relation profonde et durable, mais a contribué à développer une capacité nécessaire à entretenir des relations superficielles et éphémères. Le passage d'un monde où chacun est connu individuellement à un univers d'étrangers reste une expérience émotionnellement pénible. Cette mutation implique beaucoup de transformations, un accroissement massif des populations urbaines et de la mobilité spatiale, une multiplication de personnes qui font leurs racines non plus dans un lieu mais dans une profession.

Les habitants des grandes villes sont généralement considérés comme plus isolés socialement, moins sensibles et moins aidants que les résidents de communautés rurales. Néanmoins, les études psycho-sociales récentes ne sont pas unanimes à ce sujet. Holohan, dans son étude sur le comportement altruiste, met en évidence le fait que la réticence signalée des citadins à tendre une main secourable est également fonction de facteurs situationnels et leur interaction avec les caractéristiques de la personne en question. Notamment, ces résultats montrent l'importance de la peur pour sa propre sécurité comme facteur sous-jacent au comportement altruiste. Contrairement aux affirmations de Milgram, le manque d'esprit d'entraide en ville serait davantage tributaire des caractéristiques de ce milieu qu'un reflet d'une norme intériorisée, d'une insensibilité généralisable à toutes les situations.

Burgess, Park, comme Leonard, voient dans la ville davantage qu'un ensemble de personnes et d'utilités sociales et plus qu'une constellation de constructions physiques et d'institutions. C'est également un état d'esprit qui s'exprime à travers traditions et coutumes. Leonard insiste sur la mentalité civique fondée sur les rapports sociaux. Fischer oppose les caractéristiques du milieu rural et du milieu urbain : naturel, familier, traditionnel et communautaire pour le village, par contraste avec la ville où se retrouvent plus nettement les manifestations de l'art, de l'étrangeté, de l'individualisme et du changement permanent.

En ce qui concerne la dimension physique, Remy, comme Lutz, propose une définition en terme d'utilisation caractérisée de l'espace par l'homme. Milgram aborde la cité comme un système à la fois physique et social et soulève le caractère adaptatif du citadin au sein de chacun d'eux.

a) *La ville comme système physique*

La composante spatiale ou physique du milieu urbain a fait l'objet de plusieurs travaux et est considérée de plus en plus comme un élément de premier plan au sein des villes modernes. Le tableau VII permet d'ailleurs de se faire une idée de l'évolution qui s'est produite depuis l'avènement de la ville pré-industrielle. Quels sont les éléments qui font la différence entre cités modernes et pré-industrielles au niveau de l'organisation spatiale? Selon Lofland, c'est l'organisation très rigide de l'espace qui distingue les deux. La ville contemporaine peut se comparer à une vaste demeure où l'on retrouve une place pour chaque chose et chaque chose à sa place. Une telle organisation produit un phénomène de ségrégation au niveau des activités et des personnes qui y participent. En ville, l'utilisa-

Tableau VII

PRESENTATION D'AUTEURS AYANT ENVISAGE LA VILLE COMME SYSTEME PHYSIQUE

Auteur	Année	Sujet d'étude
Barker, R.G.	1968	Elaboration du concept de «behavior setting» en termes d'attributs et de propriétés. Formation d'une terminologie appropriée.
Bechtel, R.B.	1971	Les effets de la surpopulation dans les principaux «settings» urbains: notion d'«over manned setting».
Alexander, C. Chermayeff, S	1972	L'organisation spatiale dans les villes pré-industrielles. Elaboration d'une classification des «behavior setting» privés, semi-privés et publics en milieu urbain.
Altman, I. Zlutnick, S	1972	Relevé des principaux périodiques qui abordent le sujet de la surpopulation des espaces urbains.
Stokols, D.	1972	Les aspects environnementaux, sociaux et individuels de la surpopulation.
Grand'Maison, J.	1975	L'organisation spatiale dans les villes pré-industrielles et modernes.
Lofland, L.	1976	Notion de «ségrégation spatiale» au niveau des activités et des individus en milieu urbain.
Proshansky, H.M. Ittelson, W.H. Rivlin, L.G.	1976	L'importance accordée à la dimension physique du milieu urbain dans le domaine de la psychologie écologique.
Strauss, A.	1976	Les influences des «behavior settings» sur l'aspect social des villes.
Wigand, K.T.	1977	Présentation du concept de «behavior setting» tel qu'élaboré par Barker (1968) à travers l'approche parsonienne du système social.

tion de chaque espace est réservée pour une ou plusieurs activités spécifiques s'adressant à des citoyens répondant à des caractéristiques précises en termes d'âge, de sexe, de nationalité, d'allégeance politique, etc. Alexander, Chermayeff, Grand'Maison et Wigand sont du même avis sur ce point: la ségrégation spatiale n'existait pratiquement pas dans la cité pré-industrielle. A l'époque, la place publique était le lieu de rassemblement de tous les membres de la communauté, ainsi que le site de la majorité des activités. La grande majorité des communautés urbaines ignoraient quasiment ce qu'on appelle aujourd'hui la vie privée. Selon Grand'Maison, la ville moderne a provoqué la séparation du privé et du public, étant donné sa spécialisation spatiale. Cette séparation n'est pas sans conséquence. Ce qui se passait autrefois sur la place publique, l'éducation des enfants par exemple, est relégué aujourd'hui aux endroits privés, comme le domicile familial, et spécialisés, comme l'école du quartier. La ségrégation se fait en plus sentir dans les zones urbaines dans la mesure où même la formation du voisinage y est contrôlée. Chaque secteur d'une ville se spécialise quant au type d'habitations, au nombre et à la qualité des espaces publics et surtout au type de résidents. Ceci explique la tendance à identifier les personnes par l'endroit où elles habitent ou se retirent périodiquement de la vie publique. Pour Proshansky et al., tout citadin est socialisé non seulement par les groupes sociaux qu'il fréquente mais aussi par les lieux. Les habitants d'une unité de voisinage, par exemple, sont liés par le partage d'une même symbolisation et par un réseau de communications. Ce réseau affectif plus ou moins fortement investi suivant les individus constitue la dimension sociale du milieu urbain.

b) *La ville comme système social*

Il existe à l'évidence une influence réciproque entre la dimension physique du milieu urbain et la dimension sociale. Selon Smith, le caractère public de la vie spatiale des citadins des villes pré-industrielles se répercutait au niveau des relations qu'ils entretenaient. Des liens très personnalisés régissaient leurs rapports, contrairement aux villes actuelles où la séparation physique entre le privé et le public favorise des liens trop superficiels.

Audet considère que ceci prend racine dans la morphologie en réseaux des cités pré-industrielles. Elles se développent par mode d'intégration contrairement aux villes contemporaines qui s'accroissent par addition d'un maillon (morphologie en chaînes). Aujourd'hui, le citoyen des villes est amené à vivre des échanges interpersonnels qui varient en qualité et quantité en fonction des endroits où il se trouve. Le logement familial représente l'espace privé privilégié, tandis que l'espace semi-privé est représenté par l'unité de voisinage ou le quartier. Quant à la catégorie des espaces publics, il s'agit de tous les lieux où l'individu est en contact avec le public en général (transports en commun, centres d'achats, édifices gouvernementaux). Pour Alexander et Chermayeff, les contacts intimes sont habituellement soutenus par les groupes primaires caractérisés par le petit nombre de membres en relations de coopération et de face à face intime. Dans la société actuelle, la famille constitue le groupe primaire le plus important. Bien que fondamentale au niveau du partage des relations profondes et personnalisées, la famille n'en demeure pas moins, selon Alexander, une espèce en voie de relative extinction. De fait, ce groupe primaire existe toujours évidemment, mais sa composition se contracte souvent en un couple d'adultes avec peu ou pas d'enfants. Dans ces conditions, les opportunités de contacts intimes vécus par les gens au sein de leur milieu familial diminuent considérablement. Dès lors, la plupart des citadins vont tenter de combler ce manque d'intimité partagée en recherchant des amitiés dans les espaces semi-privés comme le quartier. Déjà Park considérait les voisins comme la base de la forme la plus élémentaire d'association dans l'organisation de la vie urbaine. Ces contacts personnalisés avec le voisinage répondent au besoin d'appartenance présent en chacun de nous.

Margaret Mead, comme Wigand, insiste sur ce sens d'appartenance développé par les relations interpersonnelles étroites et le considère comme essentiel à la formation de l'identité et une plus grande ouverture du moi aux autres. Néanmoins, on peut se demander combien de citadins arrivent à développer des contacts intimes dans leur unité de voisinage. Alexander souligne la nécessité pour ce faire d'habitude de visites informelles et régulières. Or Packard et Grand'Maison ont bien mis en évidence la rareté des rapports quotidiens suivis dans les villes où les personnes sont devenues si mobiles.

Cette grande mobilité n'a pas que des avantages comme chacun sait : elle complique singulièrement la vie quotidienne où l'on est de plus en plus confronté avec une multitude d'activités et d'appartenances peu intégrées les unes aux autres.

Par ailleurs, les endroits publics sont des lieux de forte densité de population, a fortiori dans la société moderne. Le nombre de contacts et de communications est théoriquement plus grand que dans toutes les sociétés qui ont précédé. Mais ces contacts si nombreux demeurent forcément superficiels la plupart du temps et Alexander a pu justement parler de relations de rôles. Strauss définit les interactions contractuelles comme des échanges très rapides où chacun veut retirer le plus de gains possibles. La communication y est passive dans la mesure où les partenaires adoptent une attitude de repli, de neutralité, de non-engagement et de fermeture. A ce qu'Alexander appelle le syndrome de la capsule correspond l'augmentation démesurée de l'individualisme et d'un mythe d'autosuffisance dont il sera question ultérieurement. Pour Milgram, cette attitude est cohérente chez l'urbain dans la mesure où il est exposé à un trop grand nombre de stimuli et de contacts possibles quotidiennement. Pour s'adapter à cette surcharge (overload), le citadin devra élaborer des mécanismes de régulation afin de se protéger.

Le type de contacts entretenus par le citadin est fonction des nombreux coûts encourus spécialement en raison de la non-familiarité des citoyens entre eux. Karp, Stone et Yoels ont décrit la ville comme un monde d'étrangers. L'engagement personnel devient un risque dans ces conditions d'anonymat. Le fait que personne ne possède d'informations sur les autres peut provoquer un climat de non-confiance où chacun doit rester sur ses gardes, selon Jacobs. Strauss a constaté que cette atmosphère peut occasionner de la peur et même du stress chez certains sujets quand ils ont à circuler seuls sur des places publiques. Le tableau VIII reprend d'ailleurs l'ensemble des contributions dont il a été question jusqu'ici.

Tableau VIII
PRESENTATION D'AUTEURS AYANT ENVISAGE LA VILLE COMME SYSTEME SOCIAL

Auteur	Année	Sujet d'étude
Goffman, E.	1963	Les effets de la non-familiarité des partenaires au niveau du type de relations interpersonnelles entretenues dans les espaces publics.
Alexander, C.	1966	Elaboration de douze caractéristiques architecturales qui favoriseraient les contacts intimes en milieu urbain.
Lee, T.R.	1968	Conceptualisation nouvelle du voisinage en thème de schème socio-affectif, par opposition à la conceptualisation traditionnelle qui le représente uniquement comme un territoire commun à un ensemble d'individus.
Latané, B. Darley, J.	1970	Apathie des citadins face à une situation où un individu demande de l'aide ou un service quelconque.
Milgram, S.	1970	Présentation de l'attitude de retrait des citadins, comme un mécanisme d'adaptation à la surcharge de stimuli physiques et sociaux.
Smith, D.C.	1971	Comparaison entre le type de relations interpersonnelles entretenues par les citadins des villes pré-industrielles et les villes modernes.
Alexander, C. Chermayeff, S.	1972	Présentation de la notion d'intimité partagée au sein du milieu familial. Elaboration du «syndrome de la capsule».
Lutz, B.	1972	Dépendance spatiale de la communication active et passive en milieu urbain.
Mead, M.	1972	Importance des relations de voisinage au niveau de la formation de l'identité chez l'enfant.
Rémy, J.	1972	Types d'échanges liés à la superficialité plus ou moins marquée des liens dans les différents espaces urbains.
Packard, V.	1973	Le mouvement migratoire dans les villes comme facteur pouvant être à la base du manque de sens d'appartenance ressenti par les citadins.

Auteur	Année	Sujet d'étude
Grand'Maison, J.	1975	Les conséquences de la séparation du privé et du public sur le type de relations vécues par les citadins.
Jacobs, J.	1976	Variation du type d'échanges vécus par les individus sur les trottoirs de la ville, en fonction du genre de commerces, d'entreprises qui s'y trouvent. (Les trottoirs bordés de terrasses et de petits cafés favorisent des contacts plus personnalisés que les trottoirs bordés d'édifices à bureaux ou d'usines.)
Stringer, P.	1976	Présentation du milieu urbain en tant que lieu de rassemblement d'un grand nombre de personnes. De cette conceptualisation découle l'étude des variables cognitives et sociales de la surpopulation de préférence aux variables physiques.
Audet, J.D.	1977	Présentation de la notion de morphologie en réseaux et de la morphologie en chaînes ainsi que les principaux types de contacts qui en résultent.
Deutsh, K.W.	1977	Elaboration de la notion d'«*efficiency*» et d'«*effectiveness*» au niveau du choix des contacts offerts dans les espaces publics des villes.
Jackson, R.M., Fischer, C.S. Mc Callister, Jones, L.	1977	Les coûts et les gains dans la formation des liens d'amitié. Attributs du lien: l'intimité, la durée, la fréquence, la complexité des rôles et le contexte social. Attributs du réseau: homogénéité, dispersion, densité.
Karp, D.A. Stone, C.P. Yoels, W.C.	1977	Les coûts encourus lors des contacts entre partenaires étrangers dans les endroits publics du milieu urbain.
Wigand, R.T.	1977	Elaboration de deux grands réseaux de communication en milieu urbain: «*interlocking network*»: relations intimes qui ont lieu à l'intérieur d'un système fermé aux influences de l'environnement; «*radial network*»: relations non intimes qui ont lieu à l'intérieur d'un système ouvert aux influences de l'environnement.

B. Mécanismes utilisés par les citadins pour atteindre le niveau d'intimité désiré

Dans une perspective inspirée par Altman, on a vu l'importance de la recherche d'optimisation, c'est-à-dire la recherche d'un niveau d'intimité atteint égal au niveau d'intimité désiré.

Dans quelle mesure les citadins sont-ils satisfaits en général du degré d'intimité disponible dans leur vie quotidienne? Quelles sont leurs attentes en terme de niveau de pénétration sociale et de type de contacts souhaités?

Pour Alexander, les gens vont en ville pour multiplier les contacts et Deutsch conclut dans le même sens. Smith insiste sur la liberté de choisir ses amis et de dévoiler sa vie privée quand et avec qui on le désire. Selon Jacobs, la confidentialité serait une des attentes les plus importantes envers le milieu urbain.

Le tableau IX permet de mettre en perspective les niveaux d'intimité désirés par rapport au degré atteint, chez différents auteurs.

Tableau IX

RESUME DES PRINCIPALES CONCLUSIONS PAR RAPPORT A LA REGULATION DE L'INTIMITE EN MILIEU URBAIN

Auteur	*Année*	*Conclusions*
Packard, V.	1964	La société néglige quelque chose de fondamental: le droit de tout homme au respect de la vie privée.
Alexander, C.	1966	Les gens vont à la ville pour les contacts; cependant, les nombreux contacts offerts sont vides et insatisfaisants.
Smith, D.C.	1971	Malgré le choix considérable de contacts offerts, les gens se sentent isolés en milieu urbain. Cette isolation semble plus marquée chez les enfants, les personnes âgées et les immigrants.
Alexander, C. Chermayeff, S.	1972	Il faut rétablir l'équilibre entre l'intimité et la communauté.

Auteur	Année	Conclusions
Lutz, B.	1972	Actuellement, un très haut potentiel de besoins de communication latents ou actualisés reste insatisfait.
Rémy, J.	1972	Les échanges de type instrumental au détriment des relations interpersonnelles ont des conséquences néfastes sur les projections affectives de la personne et sur ses formes d'isolement.
Fischer, C.S.	1974	Les grandes métropoles tendent à être des endroits de malaise: non-satisfaction, désespoir et mélancolie.
Delisle, M.A.	1975	Le milieu urbain montréalais engendre l'isolement chez ses habitants.
Grand'Maison, J.	1975	Il y a intrusion au niveau de la vie privée des gens dans les villes.
Fried, M. Gleicher, P.	1975	Absence d'espaces semi-publics et de facilité pour préserver les relations sociales informelles dans les quartiers défavorisés des villes. Cette absence a pour conséquence la perte de toutes formes de contrôle social des comportements en dehors de l'intimité de chaque personne.
Jacobs, J.	1976	Le milieu urbain préserve la confidentialité plus que le milieu rural.
Deutsch, K.W.	1977	La surcharge de stimuli auquel doit s'adapter le citadin le rend moins attentif aux autres et l'enferme dans l'isolement.
Léonard, J.	1977	Tout comme on peut se retrouver face à soi-même dans la nature, pour se refaire une personne, de même on peut se détruire ou se construire dans les rapports quotidiens en milieu urbain.

Il apparaît que pour plusieurs les désirs des citadins relatifs au nombre et à la variété des contacts soient satisfaits. Si, sur ce plan, on peut parler d'optimisation, par contre les lacunes importantes sont mentionnées au niveau qualitatif. Le haut potentiel de besoins de communication latents ou actualisés reste nettement insatisfait chez la plupart. Nous avons eu l'occasion d'exposer ailleurs ce phénomène et avons imaginé pour ce faire l'expression de prolétariat affectif[10].

En d'autres termes, Milgram approfondit l'expérience urbaine et voit dans l'anonymat le mécanisme permettant de répondre à la surcharge de stimuli. Ce serait efficace dans la mesure où le non-engagement désiré est atteint. Pour Deutsch, le non-engagement provoque moins d'attention pour autrui et peut conduire à l'isolement. Remy soutient que le citadin ordinaire obtient moins d'intimité partagée qu'il le souhaite. Dans le même sens, Smith voit dans la création de clubs de rencontre, de centres de détresse ou d'appels téléphoniques, des indices confirmant ce manque d'intimité partagée.

Bien qu'il s'agisse d'un malaise généralisé, tous les groupes de la population des villes n'en souffrent pas avec la même intensité. L'isolement semble plus marqué chez les enfants, les personnes âgées et les immigrants. Au sujet de cette dernière catégorie, Fischer attribue leur fréquente insatisfaction à des attentes trop idéalisées par rapport au nouveau milieu de vie.

Quant à la préservation de la vie privée, tous les spécialistes ne sont pas du même avis. Par exemple, Jacobs affirme que la ville préserve la vie privée de ses habitants contrairement au milieu rural. Par contre, Packard et Grand'Maison soutiennent que la vie privée est envahie dans les villes. Grand'Maison parle d'intrusion qui serait favorisée par la multitude des sons, lumières, images, publicité des médias électroniques, encore plus présents qu'à la campagne. De plus, Packard mentionne que la vie privée des citoyens peut, à la limite, être violée par l'intrusion d'espions électroniques sophistiqués: les tables d'écoute. Même en Amérique du Nord, il devient de plus en plus nécessaire de dévoiler son identité pour obtenir une carte de crédit, emprunter une somme d'argent ou devenir membre d'une organisation.

Dans le milieu urbain, particulièrement là où la densité de population est élevée, il devient nécessaire de pouvoir se retirer pour atteindre le niveau de non-engagement nécessaire. Pour préserver le niveau d'intimité désiré, les citadins ont recours à plusieurs mécanismes de régulation: anonymat et espace personnel.

a) L'anonymat

C'est une des formes de retrait élaborées par Westin très utilisée dans les grandes villes. Il a été mentionné que Milgram conçoit ce mécanisme comme une tentative d'adaptation à la surcharge des stimuli physiques et sociaux. Sur les places publiques, Karp et al. observent que les personnes coopèrent pour soutenir leur identité sociale définie comme l'image publique que chacun se crée, un masque social. A cet égard, une hypothèse peut être avancée suivant laquelle les citadins minimisent leur engagement et maximisent l'ordre spatial. Ainsi, des conventions sont adoptées pour maximiser les relations avec autrui tout en préservant simultanément le sens de l'intimité. L'évitement du contact des yeux qui en soi invite au contact verbal en est un bon exemple. Ce mécanisme est très utilisé dans les lieux où l'espace risque d'être envahi, comme dans les ascenseurs ou les transports en commun à l'heure de pointe. L'anonymat est aussi un phénomène qui postule l'existence de relations sociales: en effet, les citadins doivent coopérer pour le maintenir au niveau souhaité. Ce n'est pas une donnée dont l'existence est spontanée, mais un produit créé par les acteurs sociaux. En ville, il peut être vu comme une augmentation de la liberté d'action personnelle plutôt que comme une source de diminution du contrôle social. Il s'agit en plusieurs lieux d'une norme très rigide accompagnée de sanctions en cas de transgression.

b) L'espace personnel

En ville, les personnes parviennent difficilement à conserver entre elles la distance souhaitable. Pour éviter l'intrusion dans leur espace personnel, les citadins développent des mécanismes permettant d'éviter les collisions par exemple. Wolff remarque que les piétons en particulier utilisent des comportements d'accommodation et de coopération quand ils circulent sur les places publiques. Pour éviter un contact physique non désiré, les gens tentent de le minimiser en plaçant les bras le long du corps. Ils ont tendance à marcher la tête haute et dans le cas de forte densité, se forment des couloirs de circulation à sens unique sur les trottoirs bondés. Ceci a pour objectif de maximiser la rapidité de la circulation tout en diminuant les risques de collision face à face plus engageantes que coups de coude ou frottements d'épaules. Un autre comportement de régulation adopté par de très nombreux habitants des villes consiste à utiliser l'automobile pour éviter les contacts. Pour Lofland, la voiture privée enveloppe le citadin dans un cocon d'intimité lorsqu'il se promène dans les espaces publics. Smith voit la confirmation de ceci dans le nombre croissant de guichets bancaires, ciné-parcs, services de restauration à l'auto, qui permettent de préserver ainsi son espace personnel.

Mais, de manière plus globale, il convient de se poser les questions suivantes : en quoi l'écosystème urbain produit-il des effets spécifiques ? Comment surmonter le risque de couper l'homme de son environnement en le confinant à un cadre de vie physique rarement construit à sa mesure ?

L'urbanisation a accentué la nécessité d'une compréhension scientifique de la personne et de ses besoins d'espace. Des travaux anciens avaient esquissé une théorie de la foule; aujourd'hui, une distinction est faite entre la densité et la foule. La densité se définit strictement par une mesure physique: le nombre de gens par unité d'espace. Le «crowding» est une impression subjective suscitée généralement par la foule et qui déclenche un comportement en réponse à une trop grande restriction spatiale. La densité est une condition nécessaire, mais pas toujours suffisante, pour procurer cette sensation. Malgré le très grand nombre de travaux, la compréhension du phénomène, étant donné sa complexité, demeure incomplète. Chaque chercheur découpe des aspects du problème et les analyse en fonction de concepts et de procédures de disciplines particulières. Anciennement, les aires résidentielles étaient étudiées à l'intérieur du cadre de la structure habituelle de la région urbaine. Des normes et lignes directrices étaient développées pour l'attribution rationnelle de l'espace et des services dans telle zone. Peu d'efforts sérieux ont été réalisés pour aborder le problème du point de vue de l'utilisation de l'espace.

Pour étudier l'expérience vécue du citadin, la notion d'espace social définie par Buttimer, constitue un point de départ utile. Il s'agit, selon cet auteur, d'un cadre à l'intérieur duquel les évaluations et les motivations subjectives peuvent être rapportées pour exprimer ouvertement le comportement et les caractéristiques extérieures de l'environnement. Toutefois, une confusion au niveau sémantique subsiste dans plusieurs écrits anglo-saxons. Certains spécialistes utilisent le terme pour désigner les relations d'une personne avec les autres ou d'autres phénomènes sociaux choisis comme points de référence. L'espace social est alors défini comme un système de coordonnées permettant de déterminer la position sociale de quelqu'un. Cette conception purement sociologique diffère des approches à caractère psychologique employées par ceux qui considèrent les dimensions subjectives des systèmes de référence.

Les définitions plus récentes favorisent une orientation psychologique faisant de l'espace social autre chose que la description objective de la relation sociale faite par un observateur quelconque. Cette perspective se rattache à la théorie du groupe de référence et reprend le sens original durkheimien du terme. Elle définit une position de la personne dans un espace sociologique, sans rien spécifier quant à sa situation dans l'espace physique. On peut très bien distinguer deux composantes de l'espace social: une facette objective, le cadre spatial dans lequel vivent les groupes dont structure sociale et organisation ont été conditionnées par des facteurs écologiques et culturels; et une facette subjective: l'espace tel que perçu par les membres de groupes particuliers.

Plusieurs concepts reliés aux mouvements spatiaux ont été examinés en tant qu'indices de l'espace social. Dans les études d'Adams, Brown et Moore, la nature et la dynamique des mouvements de la personne sont considérées comme les points critiques de sa relation avec l'environnement. La composante subjective de l'espace social a successivement été abordée par la psychologie sociale, l'anthropologie et l'ethnologie à l'intermédiaire de notions telles que l'espace vital, le domaine ethnique, l'image des villes et les cartes cognitives. Ces diverses contributions ont au moins un objectif en commun: l'évaluation perceptuelle et cognitive comme déterminant de la signification spatiale. La notion d'espace social ainsi formulée apporte ainsi un cadre utile à l'exploration de plusieurs problématiques urbaines.

Comme l'affirme Buttimer, on peut se poser ici la question d'une véritable éducation des planificateurs de l'espace des villes et des résidents. La structure des ressources ne doit plus être appréhendée comme un système de biens physiques alloués seulement en fonction des contraintes technologiques ou des possibilités du marché. Il serait souhaitable qu'elle soit davantage perçue comme un système de ressources potentielles manipulables et modifiables selon les demandes articulées des communautés d'utilisateurs de l'espace urbain. Le tableau IX reprend une série de conclusions dégagées par les auteurs cités concernant la régulation de l'intimité en milieu urbain. Mais le temps est venu de s'interroger sur des éléments de solution à cette problématique urbaine que nous venons d'esquisser sous l'angle de processus psycho-sociaux sous-jacents. En particulier, on peut se poser la question, non plus de savoir quel type d'environnement est souhaitable, mais bien quel type d'homme l'est. C'est clair que le citadin fait face à la pénible réalité d'un espace trop limité, donc il est confronté généralement à un problème «d'encombrement» permanent.

Moles et Rohmer soulignent que, dans ce contexte où sévit la nécessité d'une lutte pour certains lieux privilégiés, la société doit trouver des solutions innovatrices, sans quoi elle se condamne à vivre dans l'agressivité quotidienne.

Par rapport à cette question, Hall invite à commencer par mettre en question nos idées de base concernant non seulement le rapport de l'homme avec son environnement, mais ceux de l'être avec lui-même. Combien de temps les gens pourront-ils continuer d'ignorer leurs dimensions propres?

Pour Moles, le seul véritable produit de la société est constitué par ce qu'il appelle «les médiateurs». Il s'agit du tissu d'objets, de formes et de services qui s'établit entre l'être et le collectif. La société est, dès lors, vue comme un système; la mécanique sociale relève d'une théorie des fonctions à accomplir dont le noyau est le rapport homme-environnement. Or, un des facteurs essentiels à ce niveau concerne le degré d'implication du sujet. Une voie de solution consiste à tenir compte de cette dimension fondamentale: agir sur l'environnement et ne plus se contenter de réagir à sa détérioration. Dans les villes, les appartements et bâtiments jouent le rôle de cloisons protectrices. Il convient, néanmoins, de saisir quand les murs cessent d'isoler et de protéger, pour se transformer en éléments oppressifs. Le mur remplit les mêmes fonctions que la distance dans la mesure où les deux réduisent, éliminent, interdisent et séparent.

Par ailleurs, l'être humain ne conquiert l'espace qu'en le divisant, en l'organisant et en matérialisant ses subdivisions. La ville peut alors être décrite comme un labyrinthe spatio-temporel dans lequel les espaces ouverts varient en fonction de certaines règles connues du citadin.

Hall soulève un élément de réponse au conflit entre l'homme et son milieu actuel, en notant que le sens de l'orientation dans l'espace est profondément ancré en l'homme; ce type de connaissance engage sa vie et sa santé mentale. Etre désorienté dans l'espace est une aliénation. Dès lors, nous saisissons mieux toute l'implication du fait que les architectes se soucient essentiellement de l'organisation visuelle et sont souvent inconscients du fait que l'individu transporte avec lui des schémas internes d'espace à structure fixe, acquis au début de la vie. De plus, une autre incertitude inhérente au milieu urbain tient au fait que ce qu'on voit d'un individu sera interprété en fonction de ce qu'on entend de lui, alors que l'inverse serait tout à fait inhabituel. Donc, quelqu'un qui voit sans entendre sera plus perplexe, confus et inquiet que celui qui entend sans voir, et la vie sociale dans les grandes villes offre plus l'occasion de voir que d'entendre...

De même, à mesure qu'augmente la vitesse, la participation sensorielle décroît progressivement. Les voitures américaines empêchent l'expérience kinesthésique de l'espace, créent une situation où l'espace kinesthésique et l'espace visuel sont dissociés et ne peuvent plus se prêter mutuellement appui. La voiture isole l'homme à la fois de son environnement et des contacts sociaux, et ne permet que des rapports des plus élémentaires mettant en relief la compétition, l'agressivité et les instincts destructeurs. Si l'on compare Français et Américains, on peut croire que dans la mesure où les Français savourent leurs villes et participent à leur animation, y jouissent de la variété des perspectives et de la diversité des sens et des odeurs, profitent des larges trottoirs, des avenues et des parcs, ils ressentent certainement moins le besoin de s'isoler dans leurs automobiles. Par contre, aux Etats-Unis, les gens se sentent écrasés par la dimension des gratte-ciel et des voitures, agressés visuellement par la saleté et les détritus, intoxiqués par l'oxyde de carbone. Ainsi, il est important de penser que nos villes bénéficieraient grandement d'une diversité à la fois sur le plan olfactif et visuel. Un autre facteur à considérer est celui des groupes ethniques. L'échelle urbaine devrait correspondre à l'échelle ethnique, puisque chaque ethnie semble avoir élaboré son propre système d'échelle. Il est d'ailleurs remarquable que les principaux groupes ethniques maintiennent leurs particularités respectives pendant plusieurs générations. Pourtant, les programmes de logement et d'aménagement urbain tiennent rarement compte de ces différences et particularités. Si l'on veut faire une analyse de la ville, il faut aussi réaliser que les minorités urbaines d'origine rurale posent le même type de problème que les minorités ethniques étrangères. Le climat est aussi un facteur avec lequel il faut composer. Ainsi, pour obtenir le même niveau de confort et le même sentiment d'absence de proximité, une masse d'individus aura besoin de plus d'espace si elle a chaud.

Moles et Rohmer posent les questions essentielles que chacun de nous et chaque responsable doit se poser à l'heure actuelle. Comment, dans un monde limité, peut se réaliser la solitude psychologiquement traduite par le terme « intimité » dans la nouvelle Déclaration des Droits de l'Homme ? Est-il possible d'assurer un taux de dispersion suffisant entre les individus avec une densité élevée et un volume donné ? Y aurait-il possibilité d'élaborer une écologie humaine qui permette de construire l'indépendance dans la densité ? Hall apporte, à ce sujet, des réflexions intéressantes. Lorsqu'il est impossible d'agrandir l'enclave et d'y maintenir une densité démographique

« normale », un cloaque comportemental se développe qui échappe à l'emprise des mesures législatives. Jusqu'à quel niveau de frustration sensorielle sommes-nous autorisés à descendre pour « caser » les humains ? Tout le problème, tel qu'il se pose à nous, fait sentir l'urgence d'établir des principes directeurs pour la conception d'espaces susceptibles de maintenir une densité démographique satisfaisante, d'assurer aux habitants un taux de contacts et un niveau de participation convenables, et enfin, le sentiment permanent de leur identité ethnique. Pour ce faire, la collaboration étroite d'un grand nombre de spécialistes travaillant sur une vaste échelle sera indispensable, et nous avons beaucoup à apprendre pour devenir efficaces dans ce genre de consultation et de partage des tâches. Cette nouvelle collaboration s'impose du fait que nous réalisons mieux jusqu'à quel point la reconstruction de nos villes devra se fonder sur l'intelligence des besoins réels de l'homme et sur la connaissance des nombreux mondes sensoriels propres aux différents groupes ethniques qui peuplent les villes. Anthropologues et psychologues doivent dès maintenant mettre au point des méthodes simples permettant de mesurer l'intensité des rapports humains à travers les différents groupes... Ainsi, sera-t-il possible de répondre à des questions fondamentales concernant les points suivants: densité maximale, optimale ou minimale pour les différents groupes ruraux, urbains ou de transition; dimension maximale pouvant être assumée par les différents groupes vivant en milieu urbain en deçà du seuil de rupture des systèmes de contrôle social; typologie des petites communautés; nature de leurs rapports mutuels; leur mode d'intégration dans les groupes plus importants.

La surpopulation, il est vrai, apporte des conséquences néfastes: explosion d'agressivité, stress, baisse du taux de fertilité, vulnérabilité plus grande aux maladies, mortalité massive par choc hypoglycémique. Toutefois, il ne faut pas négliger les aspects positifs du stress. En effet, il constitue un facteur efficace de l'évolution à l'intérieur de l'espèce. Pour assurer la survivance, l'espèce doit voir à la régulation de l'agressivité; cela peut se faire par l'espacement ou encore par la hiérarchisation sociale. La compétition au sein de l'espèce améliore la race et renforce ses caractères particuliers. Comme l'environnement structure les rapports interindividuels et que, d'autre part, les urbanistes ne peuvent être omniprévoyants, les plans élaborés présenteront sûrement des lacunes. Si on instaure dès maintenant des programmes de recherche intégrés, dirigés par des équipes qualifiées, il sera possible de réduire le retentissement au plan humain des erreurs commises dans la planification.

Pour Buttimer, la vie dans les régions résidentielles implique un dialogue entre comportement et environnement, demande et équipement. C'est avant tout une situation de «devenir». Il ne peut y avoir évolution que si les résidents des communautés s'engagent dans un dialogue créateur avec leur environnement pour le modeler, le réinventer et éventuellement se l'approprier comme ils le font pour une maison. De ce point de vue, le planificateur ne peut être considéré seulement comme celui qui manipule un équipement. Quant au citoyen, il ne peut être plus longtemps considéré comme un facteur passif d'un processus extérieur social ou technologique. Ceci exige de chacun un engagement et une responsabilité personnelle dans le processus de planification. De toute évidence, pour rendre possible une pareille implication dans l'avenir des régions résidentielles, une éducation radicalement nouvelle s'avère indispensable à la fois pour les planificateurs et les spécialistes des sciences sociales et humaines. Chacun doit développer une connaissance plus compréhensive de la vie urbaine et de la dynamique des systèmes urbains. Il nous faut des cadres de référence pour la recherche et la réflexion qui ne fragmentent plus et ne rendent plus rigides les parties de la ville comme les pratiques cartésiennes l'ont toujours fait. Nous avons besoin d'une compréhension empathique de la vie urbaine en tant que réalité existentielle.

Codol, dans son analyse de la densité sociale, suggère plusieurs pistes de réflexion. Une forte densité diminue les distances interindividuelles et multiplie les occasions de violation des espaces personnels. Ainsi, l'étude des effets de la densité peut apporter beaucoup aux recherches en vue de mieux comprendre les fonctions et les possibilités d'utilisation de l'espace personnel dans le cadre urbain. Toutefois, il ne faudrait pas commettre l'erreur de s'en tenir à une définition et une conception matérielle de la densité. Comme ce sujet touche au comportement humain personnel et interpersonnel, il faut aborder tous les points d'un côté cognitiviste, c'est-à-dire en prenant comme donnée première la perception de l'individu. Dans ces conditions, un problème surgit : la question de déterminer si le sentiment de « presse » est effectivement lié à la dimension spatiale ou plutôt au degré élevé de stimulation sociale. Nous retrouvons une interrogation qui s'est imposée dans le cas de l'espace personnel. Dans toute étude sur la vie urbaine, il est indispensable d'être attentif à ne pas confondre les problèmes causés par la densité et qui touchent à la notion d'espace, et ceux provoqués par la désorganisation urbaine.

Avant de clore ce chapitre, il nous apparaît pertinent d'évoquer un effort exemplaire de la part de l'urbaniste Alexander. Non seulement a-t-il pu être très sensibilisé aux aspects humains des problèmes d'aménagement, mais encore a-t-il réussi à traduire son optique en principes opérationnels !

Dans un souci de proposer une organisation physique de l'espace urbain valable au plan des relations humaines, cet architecte prend comme point de départ de son analyse la notion de « contact intime ». Il s'agit du type d'échanges dont on a le plus besoin, qu'Alexander définit comme le contact entre deux personnes qui se révèlent sans crainte à l'autre, jusque dans leurs faiblesses. Idéalement, cette forme de lien caractérise les meilleurs mariages et les vraies amitiés. Deux prérequis semblent nécessaires :

1. les personnes concernées doivent se rencontrer très souvent, chaque jour à la limite, mais pas nécessairement pour une longue période de temps ;
2. elles doivent se voir de manière informelle, sans les contraintes de rôle ou de contexte imposées par la vie professionnelle ou publique.

Dans la société préindustrielle, ce type de rapports était possible à l'intérieur de groupes primaires comme la famille, l'unité de voisinage, ou le groupe de jeux formé par les enfants du quartier. Comme il a été mentionné antérieurement, ces groupes primaires ont tendance à se dissoudre dans les métropoles contemporaines. La plupart des citadins gardent la nostalgie des années vécues à l'université ou pendant le service militaire, parce que dans leur vie adulte, même socialisée, le contact intime risque de disparaître. Depuis de nombreuses années, les travaux d'épidémiologie ou de psychiatrie sociale ont mis en évidence le caractère pathogène de la solitude subie. Dans le même sens, Alexander formule l'hypothèse suivante : une personne ne peut être heureuse que si trois ou quatre relations intimes alimentent son existence. De même, une société ne peut être saine que si chacun de ses membres bénéficie de trois ou quatre liens profonds à chaque étape de sa vie. Ce raisonnement s'appuie en particulier sur une étude de Lantz portant sur un millier de soldats américains. Les psychiatres les ont examinés en les répartissant en cinq catégories, allant de la normalité à la psychose. Lantz met ces catégories en relation avec le nombre d'amis que la personne avait entre quatre et dix ans. Le tableau ci-dessous résume la constatation principale : parmi les personnes qui avaient cinq amis ou davantage dans la tendre enfance, ne se retrouvent seulement que 27,8 % d'écarts pathologiques sérieux. Par contre, parmi ceux qui n'avaient pas d'amis du tout se recrutent 80 % des cas graves.

	Sujets ayant eu 5 amis ou plus	*Environ 2 amis*	*Aucun ami entre 4 et 10 ans*
Sujets normaux	39,5	7,2	0
Légèrement névrosés	22	16,4	5
Sévèrement névrosés	27	54,6	47,5
Personnes souffrant de psychoses	0,8	3,1	37,5
Autres	10,7	18,7	10
	100 %	100 %	100 %

Le manque de contacts extrême produit donc des effets extrêmes sur la santé mentale des sujets. En considérant la population générale, on pense évidemment à des carences moins évidentes. Néanmoins, le genre de vie de la plupart des citadins les empêche d'être aussi proches de leurs amis qu'ils ne le souhaitent. L'aliénation, qui est souvent évoquée dans les conversations courantes, peut être considérée comme l'expression directe de cette absence de contacts intimes.

Alexander définit le syndrome d'autonomie-retrait comme le produit de l'urbanisation industrielle qui caractérise le développement des grandes cités. Le schéma ci-dessous permet de visualiser les interférences entre les principaux facteurs en cause. Plusieurs sont bien connus: disparition des groupes primaires et de l'intimité elle-même, développement de l'individualisme et retrait par rapport aux multiples stress urbains.

Dans toute métropole, la famille étendue et l'unité de voisinage sont fréquemment dissoutes et même les amis sont dispersés. Il n'est donc plus possible d'entretenir les trois ou quatre contacts intimes dans l'environnement immédiat. La ville s'étend de manière tentaculaire, alors que les logements eux-mêmes ont tendance à ce que leurs dimensions se réduisent. La réponse des responsables municipaux consiste souvent à multiplier les centres communautaires, les cercles de loisirs, les clubs, etc. Mais il est clair que, si ce type d'espace semi-privé permet effectivement un niveau de socialisation, il n'est guère propice aux contacts humains privilégiés. En effet, l'amitié vraie est favorisée si chaque partenaire a la possibilité de venir chez l'autre à l'improviste, puisque tout peut être su et vu par l'autre. Comment réaliser cet idéal dans un milieu urbain aux horaires de plus en plus rigides et aux résidents de plus en plus mobiles? Le contact téléphonique ne remplace pas la visite à domicile et celle-ci n'est fréquente que si chacun demeure à dix minutes au plus de l'ami. Signalons au passage que l'hiver canadien isole également les voisins en anéantissant les contacts informels qui nourrissent habituellement le tissu social d'un quartier. Les autorités tentent de développer des modes de transport plus adéquats, mais, aux heures de pointe, les transports en commun sont bondés et, si l'automo-

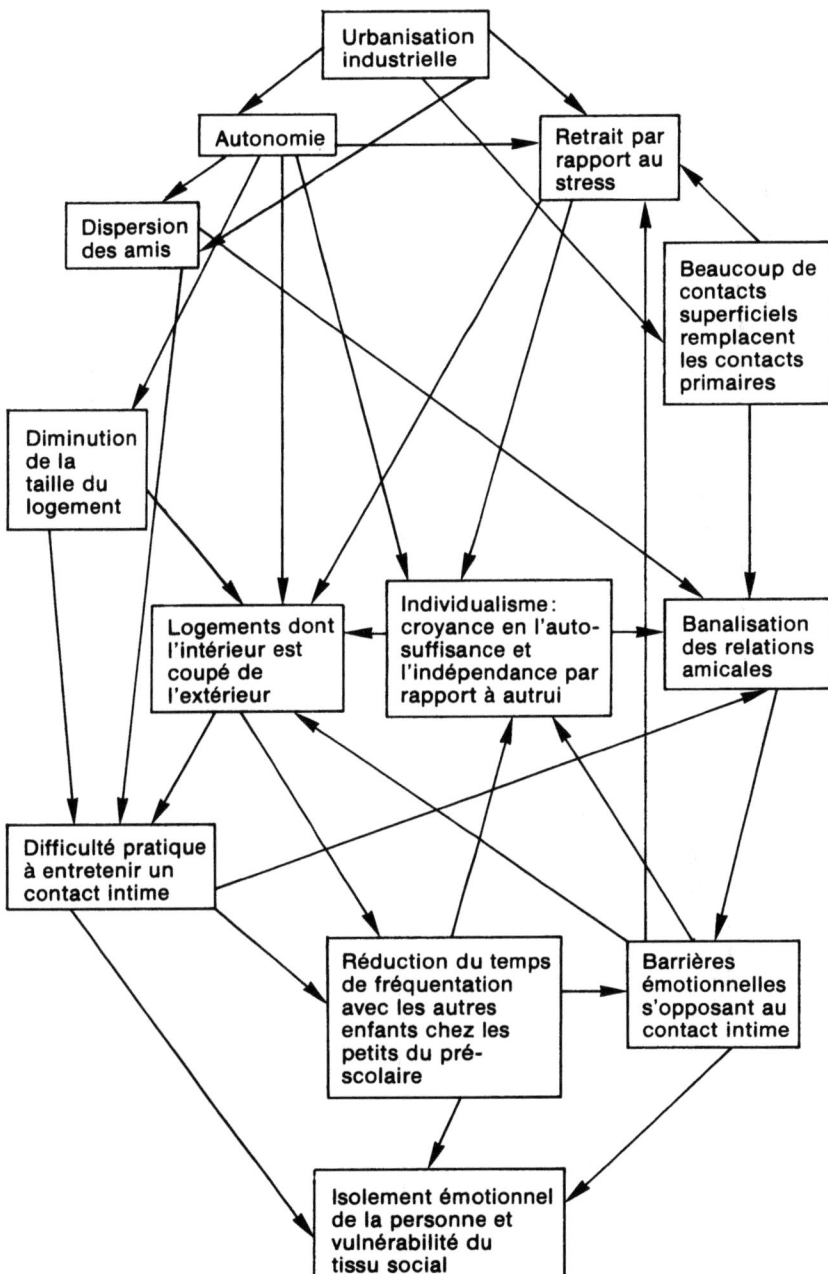

Figure II représentant le syndrome d'autonomie-retrait selon C. Alexander.

bile du particulier reste un élément de libération, elle devient une véritable prison dans ces conditions. Les bruits, la pollution, la violence sont des facteurs qui poussent en outre le citadin à s'enfermer chez lui pour se mettre à l'abri. Ce retrait devient vite une habitude qui exerce une influence sur la personnalité en la rendant moins désireuse et moins apte à ce que d'autres pénètrent son univers. D'ailleurs, quand les personnes se croisent dans les lieux publics, elles se comportent comme si les autres n'étaient pas présents. Ces propensions au retrait contribuent à développer le mythe de l'autosuffisance. Dans un mouvement classique de récupération, l'individualisme devient une valeur proposée même par certains courants thérapeutiques. Il est entendu que cette individualisme n'a rien à voir avec le respect démocratique des droits de la personne. C'est une valorisation mystifiante de l'indépendance et une surestimation des bienfaits de l'autosuffisance.

Un autre lieu commun qu'il s'agit de mettre en question, c'est l'insistance démesurée placée sur la famille nucléaire : il n'est pas évident que tous les besoins affectifs puissent s'épuiser totalement dans l'échange entre mari et femme. Par ailleurs, la pression de notre société est telle que tout contact amical en dehors du foyer est généralement perçu avec beaucoup de suspicion.

Dans l'écosystème urbain, toutes les relations de dépendance s'expriment de fait en termes économiques et les personnes qui croient beaucoup aux vertus de l'autosuffisance créent un monde qui renforce l'individualisme et le retrait. C'est donc dire que les enfants vont baigner dans ce système de valeurs et le prolonger. La boucle est bouclée et le syndrome d'autonomie-retrait risque de se perpétuer si l'on n'apporte aucune intervention corrective. Pour Alexander, ce phénomène est plus accentué aux Etats-Unis simplement parce que l'urbanisation industrielle y est plus développée.

Mais quelles formes géométriques, quelle organisation spatiale pourra contribuer à briser le cercle infernal ? Alexander énonce douze propositions concrètes, tout en étant conscient que le problème ne peut être résolu que si les gens eux-mêmes décident de modifier leur style de vie. Toutefois, il apparaît utile de planifier l'environnement pour soutenir ces efforts de changement en respectant les principes suivants :

1. Chaque habitation devrait se trouver le long d'une voie d'accès pour automobiles. Lorsque ce sont des édifices à usages multiples, il faudrait que ces voies d'accès pour véhicules correspondent à chaque catégorie d'usage de l'immeuble.

2. Chaque logement devrait comporter une pièce centrale sans écran. Ainsi, d'un côté la pièce est adjacente par rapport à la rue et de l'autre, elle donne directement sur le jardin. Il est donc possible de voir le jardin depuis la rue en traversant du regard cette pièce centrale.

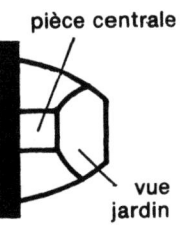

3. Cette pièce est entourée idéalement d'autres pièces indépendantes, qui peuvent se fermer. Ces unités sont disposées de telle manière que chaque membre de la famille, ou toute personne qui désire ne pas être dérangée, puisse s'y retirer dans la plus stricte intimité.

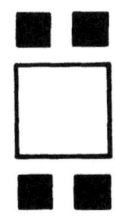

4. La rue adjacente ne devrait pas avoir plus de 300 mètres de long et devrait déboucher sur une artère importante à chaque extrémité.

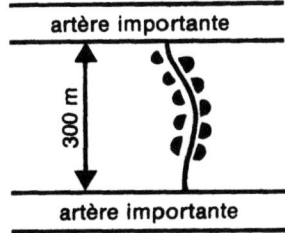

5. Il devrait y avoir un espace vert accessible et visible pour chaque résident.

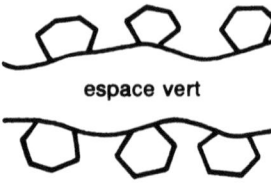

6. Cet espace devrait être séparé de la rue par les maisons, de telle sorte qu'un enfant soit obligé de traverser une habitation pour se rendre de l'espace vert à la rue.

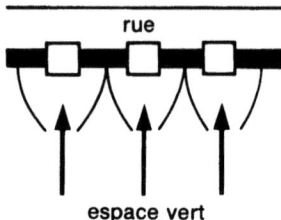

7. Cet espace devrait être segmenté en de nombreuses parcelles de la taille des pièces qui leur font front. Chaque surface devrait être recouverte par une grande variété de revêtements: terre battue, sable, gazon, arbustes.

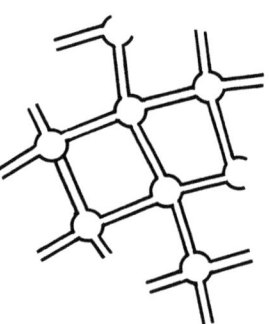

8. Chaque maison devrait être entourée par 27 autres dans un rayon de 30 mètres environ.

9. Les densités résidentielles aux alentours de la zone métropolitaine devraient être aussi élevées que possible.

10. La surface extérieure de la zone résidentielle se présenterait comme des coteaux ondulants couverts de gazon, de fleurs et d'arbres. Les maisons sont sises au pied de ces dénivellations.

11. Chaque habitation est construite sur un emplacement individualisé, ayant son propre espace vital. Les lots sont conçus de manière à ce que chaque propriétaire puisse construire et modifier sa maison somme il le désire.

12. Les dénivellations varient en importance et en inclinaison suivant leur localisation dans la région urbaine. Elles seraient plus fortes et abruptes à proximité des centres commerciaux, faibles et presque plates à la périphérie.

Il convient, d'après Alexander, de trouver une configuration concrète de logements qui permette la coexistence de ces douze principes de base, comme schématisée dans la figure III. La zone résidentielle d'une ville serait donc constituée par une série continue de dénivellations. Celles-ci, d'une étendue d'environ deux cents mètres, sont reliées aux artères importantes à leurs extrémités. Leur hauteur et inclinaison sont fonction de la distance par rapport aux centres urbains. Ces collines sont recouvertes de verdure. Chaque maison est construite au pied de la pente, sur un lot dont la moitié est un jardin privé. Durant la journée, l'habitation est éclairée par la lumière venant du jardin. L'espace vert entourant les jardins privés est segmenté en parcelles reliées par des petites pentes ou des escaliers. Chaque résidence est desservie par une voie d'accès à son niveau et la jouxte. Elle se compose d'une pièce centrale entourée d'autres pièces indépendantes, en respectant les principes 2 et 3.

S'il est inévitable que toute concentration urbaine provoque différentes formes de stress, il semble indispensable d'y réagir de manière urgente. Le psychologue social pourra alimenter des urbanistes aussi ouverts aux sciences humaines qu'Alexander en élaborations théoriques et suggestions qui

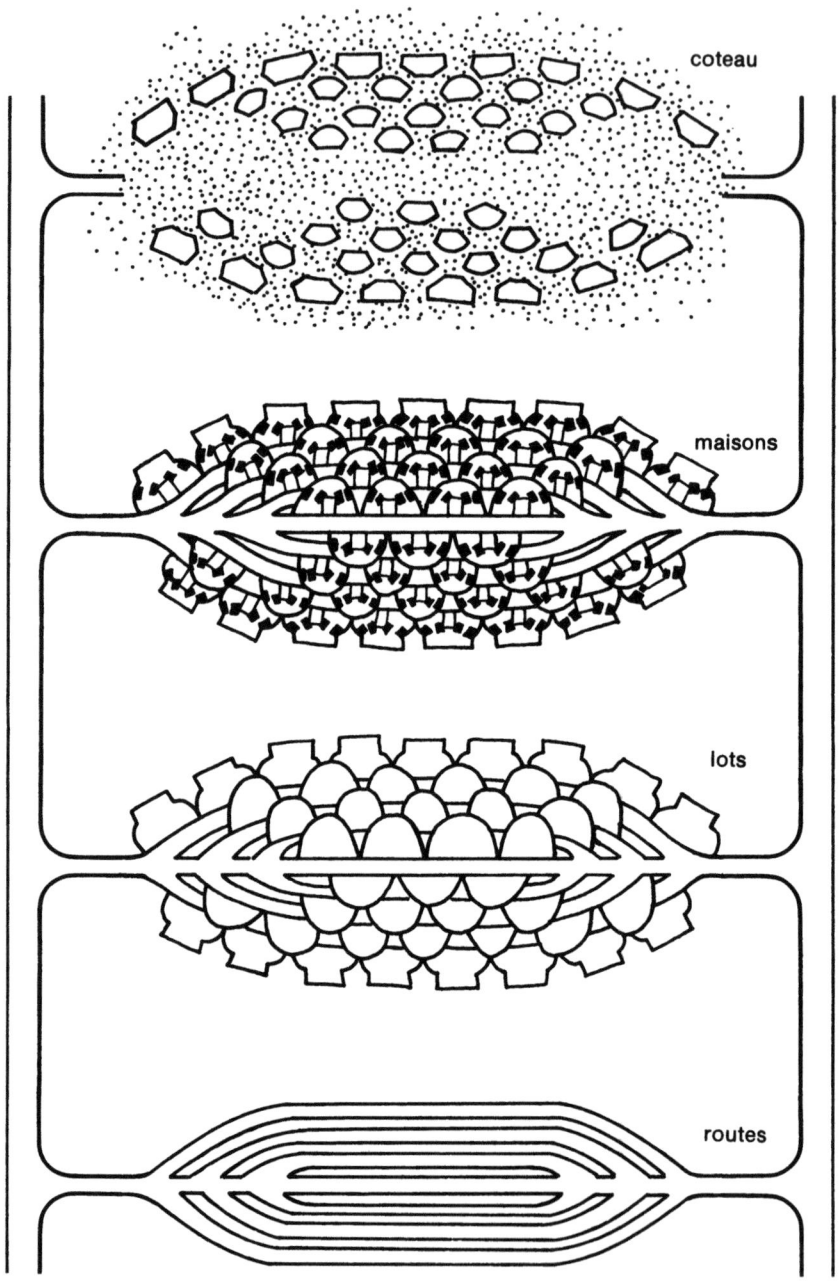

Figure III. Schéma de quatre collines par éléments, d'après C. Alexander.

traduisent les véritables souhaits des citadins dans leur vie quotidienne. C'est pourquoi, pour terminer cet exposé, nous avons choisi de reprendre l'essentiel de la perspective d'Alexander. Ses conclusions nous les faisons nôtres dans la mesure où toute possibilité d'actions préventives en vue de surmonter les méfaits de ce syndrome d'autonomie-retrait passe par une concertation entre psychologues, sociologues et spécialistes de l'aménagement.

Pour comprendre des phénomènes sociaux aussi complexes qu'importants dans leurs conséquences éventuellement nuisibles, ce genre de collaboration est indispensable. Sur le plan de l'action également, des tentatives unidimensionnelles inspirées par une seule discipline risquent de voir leurs résultats singulièrement limités. Peut-être même au niveau de la recherche, ce champ des transactions de l'homme avec l'environnement urbain ne peut être abordé que de façon interdisciplinaire.

Section 2
L'enfant et la vie urbaine[11]

Il est courant à l'heure actuelle d'entendre accuser la ville de tous les maux : délinquance juvénile, troubles psychopathologiques, désordres du comportement, etc. D'aucuns regrettent même la vie à la campagne et prônent le retour à la nature, oubliant dans leur nostalgie les dures conditions qui y règnent souvent. Loin de nous l'idée de contester le caractère pathogène de certains quartiers ni l'effet du surpeuplement sur le comportement familial et le développement de l'enfant (Chombart de Lauwe). Il importe cependant de relativiser ces affirmations en évitant de les généraliser à la vie urbaine dans son ensemble. La relation de l'enfant à son environnement est en effet plus complexe qu'on ne le pense à première vue. Il a de plus grandes capacités d'adaptation que l'adulte, d'une part ; de l'autre, bien des facteurs entrent en jeu, qu'il convient de considérer dans leur interaction systémique. Ville et campagne ont toutes deux leurs avantages et leurs inconvénients. Le spectacle de la rue développe notamment l'intelligence et l'imagination de l'enfant urbain et constitue un facteur de développement social. La vie à la campagne donne à l'enfant rural le goût du concret et une très grande sécurité affective, mais limite ses contacts et peut retarder de ce fait le développement du langage et de l'imaginaire (Freeman).

Il n'en demeure pas moins qu'il n'est pas nécessairement facile de vivre en ville et qu'un pourcentage croissant d'enfants habite en régions urbaines. Une enquête effectuée récemment au Canada (Bruner, Olver et Greenfield) en estimait le pourcentage en 1976 à 50,6 %, alors qu'en l'an 2000 la proportion passera à 61 %. Les chercheurs et les planificateurs commencent donc à s'intéresser à la question, même si le phénomène urbain existe depuis les temps les plus anciens et s'il y a toujours eu des enfants dans les villes. Ariès montre d'ailleurs que, de l'Antiquité jusqu'au début du vingtième siècle, le visage de la cité n'a pas beaucoup changé et que les enfants en faisaient partie intégrante, avec ou sans leurs parents d'ailleurs. Entre 1900 et 1970, la vie a progressivement disparu de la ville, ainsi que le prouvent le rétrécissement des trottoirs et des espaces libres, la suppression des arbres et des terrasses de bistrots, l'absence de promeneurs et d'enfants. Le vide ainsi créé est rempli par les voitures:

« L'espace urbain cessait dès lors d'être un espace de vie épaisse où le privé et le public ne se distinguaient pas, pour devenir un lieu de passage, réglé par les logiques transparentes de la circulation et de la sécurité » (Ariès).

Un long mouvement de privatisation a peu à peu retiré l'enfant de l'espace urbain pour l'enfermer dans la maison ou à l'école, alors que la rue devenait synonyme d'insécurité physique, d'indiscipline morale et d'apprentissage de la délinquance. Ariès conclut en recommandant une réinsertion dans la ville plutôt que la suppression de celle-ci, sous couvert de protéger l'enfant et la famille.

Lewin notait déjà en 1935 l'influence de l'environnement sur le comportement et le développement. L'espace du bébé est extrêmement petit et indifférencié. Ce dernier apprend peu à peu à contrôler son milieu et devient en même temps psychologiquement dépendant d'un nombre croissant d'événements surgissant dans son environnement. C'est ainsi que des conditions difficiles de vie peuvent amener l'enfant à s'isoler ou à se replier sur lui-même. Il est donc fort important d'étudier l'impact de la vie urbaine sur son développement, afin d'aider à planifier la réinsertion préconisée par Ariès. C'est pourquoi cette section envisagera successivement comment se développent la représentation et l'orientation de l'espace, pour passer ensuite à la régulation de l'intimité et au vécu urbain de l'enfant.

A. *Représentation spatiale*

On ne peut parler de représentation de la ville chez l'enfant sans aborder la façon dont il structure son espace. Il y a déjà près d'une cinquantaine d'années que des chercheurs tels Piaget et Werner se sont intéressés à la question, qui constitue donc en quelque sorte la pierre angulaire sur laquelle se greffent les études ultérieures concernant la perception de l'environnement. Il convient cependant de faire la distinction entre connaissance et perception spatiales, processus distincts quoique complémentaires (Hart et Moore). La perception est liée aux images du monde atteintes par contact direct, immédiat et instantané, tandis que la connaissance implique une transformation de ce monde en schèmes pouvant se reconstruire. La première est donc à la base de la seconde, mais cette dernière intervient ensuite pour sélectionner activement les perceptions qui serviront à la structuration du monde:

Perception ⟷ attention sélective ⟷ reconstruction du monde

Afin de comprendre ce processus, il est possible de reprendre la distinction établie par Bruner entre les trois modes de représentation spatiale, modes qui apparaissent successivement dans le développement ontogénique, tout en continuant d'opérer simultanément par la suite.

1. La représentation agie implique un apprentissage par l'action, basé sur le caractère répétitif des schèmes de comportement. Piaget conteste cependant ce mode de connaissance, arguant que l'espace sensori-moteur est préreprésentatif. Il insiste néanmoins sur l'importance de l'activité manipulatoire dans l'élaboration des premières représentations spatiales.

Se basant sur les analyses de photos aériennes réalisées par les enfants, Stea et Blaut estiment pour leur part que l'aptitude d'un enfant à établir une carte cognitive précède l'expérience dynamique de contact direct avec un environnement plus étendu; il n'est pas nécessaire d'explorer effectivement un grand environnement pour en avoir une représentation cognitive. Le fait de circuler soi-même dans un site déterminé ne donne pas plus d'exactitude de reproduction que la simple vue du trajet effectué par quelqu'un d'autre. La répétition joue cependant un rôle important dans les deux cas (Herman et Siegel). La représentation dynamique paraît donc exercer une certaine influence dans la connaissance de l'espace, bien que le processus lui-même en semble encore peu connu.

2. La représentation iconique est celle qui utilise une image comme intermédiaire. Quiconque a essayé de décrire par des mots un emplacement ou un trajet donnés se rend bien compte de la nécessité d'une image mentale préalable de cet emplacement ou de ce trajet. Pour Piaget et Inhelder cependant, ce type de représentation est inséparable du précédent, car l'image d'une rue, d'un quartier, d'une ville, se structure progressivement à partir des allées et venues que l'on y effectue.

3. La représentation symbolique enfin repose sur le langage, qui permet à la pensée de se libérer des stimuli sensoriels immédiats et des expériences concrètes, pour se déplacer dans l'espace et dans le temps (Bower; Piaget et Inhelder). C'est le langage en effet qui permet à l'enfant d'engendrer de nouvelles structures fondées sur des règles, lui facilitant la représentation d'un environnement non familier, par l'application de notions générales préalablement apprises concernant la structure d'une ville (Hart et Moore). Maccoby et Modiano émettent d'ailleurs l'hypothèse intéressante qu'un enfant urbain, soumis à davantage de stimulations que l'enfant rural,

« ... établira des relations plus spontanées et moins aliénantes avec son univers et aboutira ainsi à une conception plus sophistiquée, axée sur l'usage, l'échange et la catégorisation. (Toutefois), ce que l'homme industrialisé gagne en capacité de formaliser, de rationaliser et de codifier les éléments d'information qu'il ne cesse d'accumuler, il peut le perdre en devenant de moins en moins sensible aux personnes et événements ».

B. Orientation spatiale

Ceci nous amène au développement de la connaissance spatiale des grands environnements. L'importance d'un cadre de référence apparaît à l'évidence dans les travaux de plusieurs auteurs. Lynch suggère que les images de l'environnement favorisent les références spatiales, amènent les impressions de familiarité avec cet environnement, permettent l'organisation de l'action et contribuent à la cohésion d'un groupe par le rappel d'éléments communs. Ainsi peut s'établir une relation émotivement sûre entre l'homme et son milieu. Hart et Moore retiennent l'expression de «représentation topographique» pour désigner cette notion, définie par Shemyakin comme «un plan mental d'une région, plan qui est une réflexion dans l'esprit de l'homme, de la localisation spatiale des objets de la région les uns par rapport aux autres et par rapport à lui-même».

L'étude de la connaissance des grands environnements chez l'enfant n'est pas chose facile, car de nombreux problèmes d'ordre méthodologique se posent (Herman et Siegel):
- des procédures telles la reconnaissance verbale et la représentation par le dessin confondent la capacité de représenter l'espace avec l'aptitude verbale ou graphique;
- les études se basant sur la transcription du monde réel dans un espace en miniature confondent pour leur part la capacité d'établir des cartes cognitives avec celle de les représenter à une échelle réduite;
- la plupart des recherches étudient la connaissance de l'espace dans de petits environnements;
- enfin, dans ces études, les enfants ne sont souvent soumis qu'à une expérience limitée de l'environnement, alors que l'usage répété en accroît la connaissance ainsi que le montre une expérience réalisée sur des adultes par Schoula.

Il semble cependant possible de décrire trois phases dans le développement de l'orientation spatiale:

1. L'orientation égocentrique: les premières expériences de l'espace chez l'enfant s'articulent autour de son corps propre pris comme axe de référence. Cette orientation égocentrique est d'ailleurs caractéristique du stade préopératoire (Piaget, Inhelder et Szeminska). Ce sont les actions mêmes de l'enfant qui déterminent les points de repère: ceux-ci ne sont donc pas intégrés préalablement dans un ensemble spatial. L'enfant progresse d'un point de repère à l'autre, mais n'arrive pas à se représenter l'environnement dans son ensemble.

2. L'orientation fixe: ce n'est plus le corps propre qui constitue l'axe de référence, mais la position d'un objet ou une direction fixes (Freeman). C'est souvent la maison qui est choisie comme point de référence, à partir duquel, de repères en repères, s'élaborent les trajets. Travaillant avec des enfants âgés de trois à six ans, Hazen et ses collaborateurs en arrivent à la conclusion que la capacité de coordonner la connaissance de la route, la séquence des points de repère et la configuration d'ensemble peut être un prérequis à la formation d'une représentation correcte de l'espace.

3. L'orientation coordonnée: si la reconnaissance et l'identification des points de repère se développent relativement tôt, la capacité d'établir des interrelations entre différents points de repère dans un cadre de référence objectif augmente significativement avec le développement cognitif (Siegel et Kail). L'enfant doit d'abord se décentrer des systèmes fixes de référence partiellement coordonnés du niveau précédent pour arriver à les intercoordonner dans une vision d'ensemble: les cartes de trajets précèdent donc les cartes d'ensemble. En ce sens, l'enfant ne connaît d'abord de la ville que des éléments, des lieux urbains et des itinéraires (Gamas et Lautier); la principale difficulté réside dans leur intégration en un tout unifié (Siegel et Kail). La représentation d'une unité de voisinage dans une grande ville en découpe un domaine connu, appropriable; la connaissance d'une petite ville est de ce fait plus riche que celle d'une grande agglomération urbaine (Wright). Pour le jeune rural, le village est le centre du monde, ce qui n'est pas le cas de la ville pour le jeune citadin (Moscovici).

C. Régulation de l'intimité

L'enfant structure donc son espace urbain à partir de points de repère, dont le premier est constitué par son propre logement, espace qu'il vit de façon très affective et à partir duquel se développent sa personnalité et ses relations sociales (Chombart de Lauwe). Mesmin définit cinq fonctions que doit remplir le logement:
- il est protection, en soi et par la présence des parents;
- il est synonyme de détente, repos, confort;
- il favorise la liberté par le relâchement des contraintes;

— il est accueil pour les amis et lieu privilégié où les relations sociales peuvent s'établir dans un cadre plus intime;
— il permet le contact entre les générations, tant par les visites des grands-parents ou des amis des parents que par les souvenirs du passé qu'il abrite (meubles, bibelots, livres...).

Pour permettre à la fois intimité et vie commune, le logement devrait idéalement se structurer en fonction du nombre d'enfants, suivant un optimum de densité. Mettant en relation la taille de la famille et celle du logement, Parke établit les équations suivantes :

- petite famille, grand logement → faible densité
- petite famille, petit logement → densité moyenne
- grande famille, grand logement → densité moyenne
- grande famille, petit logement → forte densité

Il semble que la régulation de l'intimité pose davantage de problèmes dans la première et la quatrième hypothèses que dans les deux autres. Dans le premier cas en effet, la vie commune est plus difficile tandis que, dans le dernier, c'est l'intimité qui est rendue parfois presque impossible. Ces notions varient cependant en fonction des classes sociales : ce sont en effet les ouvriers qui se plaignent le moins de l'exiguïté de leur logement (Mesmin). En ce qui concerne les enfants, leurs opinions reflètent plus l'avis de leurs parents que le leur propre.

Il apparaît toutefois qu'ils ont une certaine notion de ce qu'est l'intimité, qu'ils définissent en fonction de leur expérience concrète dans divers types de situations. L'idée la plus souvent citée met de l'avant la possibilité de s'isoler; le choix de pouvoir garder pour soi certaines informations semble également important. Viennent ensuite la poursuite des activités sans être troublé ou interrompu, le contrôle de l'accès aux différents endroits de l'habitation, l'autonomie et le calme. Le besoin d'intimité croît avec l'âge, différemment pour les filles et les garçons, et varie suivant les situations.

La densité exerce une influence sur les relations parents-enfants; l'organisation, la structure et le contenu du logement affectent le développement cognitif et socio-affectif de l'enfant, de façon directe et indirecte. Considérant cet aspect ainsi que les éléments physiques et sociaux de l'environnement, Parke établit le tableau suivant, pour montrer comment peut s'exercer cette influence :

	I. EFFETS DIRECTS	II. EFFETS INDIRECTS
A. SOCIAUX	Adulte ←→ enfant Frère ←→ enfant Amis ←→ enfant	Adulte A ←→ adulte B ←→ enfant Frère A ←→ frère B ←→ enfant Adulte ←→ frère ←→ enfant Frère ←→ adulte ←→ enfant
B. PHYSIQUE	Jouets ←→ enfant Livres ←→ enfant Bruit ←→ enfant T.V. ←→ enfant	Jouets ←→ bruit ←→ enfant Bruit ←→ jouets ←→ enfant
C. MIXTES		Adulte ←→ jouets ←→ enfant Frère ←→ jouets ←→ enfant Jouets ←→ frère ←→ enfant Jouets ←→ adulte ←→ enfant

D. *Vécu urbain*

Les rapports établis par l'enfant dans son logement influencent également son mode d'insertion dans l'environnement plus large. Dans un milieu urbain, cette insertion n'est cependant pas chose facile :

« Sans arrêt tiraillé, sollicité, séduit, il est en même temps constamment repoussé. Les interdits sont partout. Il est donc nécessaire de prévoir les aménagements qui permettront à l'enfant de s'approprier réellement l'espace urbain » (Chombart de Lauwe).

Toutefois, ce sont souvent les adultes qui estiment les besoins de l'enfant et aménagent les plaines de jeux et les espaces de loisirs, généralement sans consulter les principaux intéressés. Il serait souhaitable pourtant de savoir comment les enfants vivent leur environnement avant de planifier celui-ci. Les études en ce domaine sont encore rares. Une enquête préliminaire (Morval), réalisée dans une des communes de l'île de Montréal, a permis de dégager quelques hypothèses relatives aux transactions de l'enfant avec son cadre de vie.

Le concept retenu est celui de « disposition par rapport à l'environnement »[12], défini par Mc Kechnie comme une tendance à agir d'une certaine manière dans l'environnement. Il représente en quelque sorte un niveau intermédiaire d'analyse entre les actes et le système de personnalité. Mc Kechnie considère huit facteurs :

1. Adaptation de l'environnement concret : cette dimension est caractérisée par une préférence marquée pour des environnements aménagés afin de rencontrer les besoins de l'homme ainsi que par la connaissance et l'utilisation des ressources offertes par le cadre de vie pour satisfaire les besoins de loisir, de confort, etc.
2. Besoin d'isolement : il s'agit du désir de retrait par rapport au voisinage et du goût de s'isoler.
3. Confiance dans l'environnement : ou aptitude à se sentir en sécurité en ayant un sentiment de compétence et de responsabilité par rapport à l'environnement en général.
4. Goût pour les choses anciennes : ce facteur se manifeste par la satisfaction en présence de lieux historiques, d'antiquités, de cadre de vie du passé, par l'attachement à la valeur émotionnelle des objets et le goût des collections.
5. Orientation mécanique : ou intérêt pour la mécanique, les qualités fonctionnelles des objets. Celui chez qui ce facteur prédomine aime travailler de ses mains, bricoler, réparer des jouets...
6. Recherche de stimulus : cette dimension réfère à un intérêt marqué pour les voyages, l'aventure, l'exploration de lieux inconnus et peu habituels.
7. Pastoralisme ou attrait pour la campagne : il s'agit d'une sensibilité aux expériences axées sur un environnement pur, d'un attachement aux qualités d'autarcie du milieu naturel.
8. Urbanisme ou attrait pour la ville : ici au contraire dominent l'attirance pour la diversité, la richesse et la complexité de la vie urbaine et un intérêt pour la vie culturelle intense et diversifiée.

L'enquête a été réalisée dans un des trois quartiers de la ville d'Outremont, auprès d'enfants francophones de 10 à 14 ans. Trente garçons et filles ont été choisis au hasard et rencontrés à domicile pour un entretien d'une trentaine de minutes portant sur leur manière de vivre leur quartier et leur ville. Le cadre de vie choisi est très privilégié, mais il a été retenu pour sa grande lisibilité, son homogénéité et ses dimensions. Plusieurs parcs bien entretenus, des arbres en bordure de rues tranquilles, la proximité d'écoles, d'un centre de loisirs, d'un cinéma, d'une patinoire, en constituent l'attrait. L'architecture des maisons est plutôt ancienne pour ce continent et constituée essentiellement de maisons unifamiliales semi-détachées. Les strates sociales qui y vivent sont majoritairement composées de propriétaires ayant un revenu moyen-supérieur dont l'orientation professionnelle dénote principalement une richesse culturelle et intellectuelle. Il s'agit d'un cadre urbain assez privilégié où il fait bon vivre, assez proche du Centre de la Communauté Urbaine de Montréal et de ce grand espace vert qu'est le parc du Mont Royal. Les frontières en sont très nettement dessinées par des axes commerçants ou de grandes artères de circulation et la démarcation est d'autant plus nette qu'au-delà se trouvent des environnements urbains aux caractéristiques nettement différenciées.

Le guide d'entrevue utilisé s'inspire du questionnaire de Mc Kechnie et est construit à partir de trois questions pour chacune des dimensions énumérées précédemment. Le matériel enregistré a donné lieu à une analyse de contenu et a été évalué par des juges afin d'éliciter les dimensions évoquées par les enfants suivant l'ordre d'importance qu'ils leur accordaient.

L'adaptation de l'environnement et la confiance par rapport à l'environnement sont les deux dimensions qui émergent en premier lieu, aussi bien chez les garçons que chez les filles. Les jeunes adolescents font cependant une plus grande utilisation des ressources et équipements de loisirs offerts par la municipalité que les filles. On peut se demander dans quelle mesure la sécurité de l'environnement qui caractérise ce cadre de vie (lisibilité, aménagement ordonné, taille non démesurée...) ne vient pas s'ajouter à d'autres facteurs classiques d'explication comme la stabilité du milieu familial pour expliquer ce résultat. Par ordre d'importance, suivent ensuite le goût des choses anciennes, plus développé chez les filles, et l'orientation mécanique, plus accentuée chez les garçons. On peut également évoquer ici les caractéristiques objectives du cadre de vie (homogénéité de maisons relativement anciennes pour l'Amérique du Nord, avec de hauts plafonds, des boiseries, des vitraux) qui peuvent contribuer à donner aux enfants le goût des choses anciennes. En achetant ce genre de maison, les parents ont fait une option qui à son tour risque d'avoir de l'influence sur les choix de leurs enfants. Malgré l'assaut de nombreuses heures d'exposition aux émissions de télévision à orientation quasi futuriste ou aux séries policières présentant un cadre stéréotypé de luxe californien, ce résultat indique que ce goût du patrimoine puise plus profondément ses racines, et, en tout cas, représente davantage qu'un slogan politique bien connu. Les deux dimensions suivantes dans la hiérarchie, soit dans l'ordre le pastoralisme et l'urbanisme, soulèvent une question de portée plus générale : comment expliquer que chez de jeunes citadins, l'attrait de la campagne l'emporte sur celui de la ville et ceci d'autant plus que l'attrait pour la ville est l'objet d'une profonde ambivalence de la part de notre échantillon? Autant de points négatifs que positifs sont en effet soulignés dans les réponses obtenues. Est-ce l'abondance de parcs, de petits jardins, d'arbres, la raréfaction de la circulation automobile dans ce secteur, son calme, son rythme qui développent une sensibilité, une recherche de contact avec la nature? Ou plus prosaïquement est-ce le fait que plusieurs familles pratiquent une alternance ville/campagne et s'évadent chaque fin de semaine au chalet à l'extérieur? Ou est-ce la trace profonde laissée par l'origine souvent rurale de l'un des grands-parents (85 % des enfants sont dans le cas) qui confère cette caractéristique à la personnalité de base du Québecois, même aujourd'hui? Un étonnement, relatif peut-être à la faille de cet écosystème d'Outremont si valorisé et privilégié, concerne l'apparition en septième position seulement de la recherche de l'aventure, même si cette dimension est un peu plus exprimée par les garçons. On peut se demander en effet si ce cadre tellement aménagé et soigné, sans terrain vague, où l'utilisation de chaque espace est prévue et réglementée, ne conduit pas, à côté d'autres facteurs, au sous-développement de l'esprit d'aventure. Si les enfants vivent un peu en autarcie, du moins à cet âge, dans un univers aussi sûr, sans imprévu, ne vont-ils pas succomber encore davantage au confort bourgeois déjà véhiculé par les parents de ce milieu? Ils risquent peut-être de s'installer dans le confortable, dans ce qui leur ressemble le plus, au point d'exclure toute différence. Enfin il est très normal de constater à cet âge le net rejet du besoin d'isolement, qui se classe en dernière position. On retrouverait ce résultat dans tous les cadres de vie, mais il n'est pas interdit de penser qu'il se manifeste plus fortement encore quand l'enfant interrogé dispose d'une chambre à lui, que sa régulation de l'intimité se fait assez facilement à l'intérieur d'une maison suffisamment grande.

Un dernier point de l'entrevue abordait les choses qui plaisaient et déplaisaient le plus aux enfants du quartier. Deux aspects sont mis en évidence: le grand investissement positif par rapport à ce cadre de vie et la pertinence des critiques formulées.

Si donc l'enfant peut être tellement influencé par ses continuelles transactions avec son cadre de vie et que, très jeune, il est suffisamment perspicace pour définir les principales dimensions de la qualité de vie de son quartier, pourquoi le planificateur ne l'associe-t-il pas plus souvent à sa démarche? Le temps apparemment perdu dans des consultations qu'il s'agit d'organiser ne permettrait-il pas, en revanche, de prendre de meilleures décisions en matière de construction de terrains de loisir, d'édifices scolaires, de bibliothèques, etc. Si les administrations municipales, en particulier leur service d'urbanisme, avaient parfois la bonne idée de laisser plus de place à la fantaisie, au risque et à l'imprévu dans quelques sites choisis, elles rendraient plus service à l'enfant en lui permettant de moins scléroser ses talents d'imagination et son goût de l'aventure. Dans ce secteur comme dans d'autres, il serait souhaitable que la pensée technocratique, si souvent confondue avec la rationalité économique et une perspective quasi déterministe, soit effectivement complétée par une approche d'écologie sociale fondée sur la recherche, qui tente de saisir les conditions d'une meilleure articulation entre l'enfant et sa ville, cette ville qui lui appartient autant qu'au citoyen adulte.

Conclusions
Implications et retombées de la perspective de psychologie de l'environnement

> « *Pour que les projets d'une cité sereine soient viables, ils doivent avoir une grande part de réalisme psycho-sociologique quant aux créatures imparfaites qui en seront les habitants* ».
>
> Lofland (1973)

Sur le plan théorique, on peut s'attendre à un mouvement de déplacement de l'étude de comportements simples vers des patterns complexes de comportement, dans une perspective systémique. D'emblée, il a été signalé combien l'environnement est un stimulus singulier, parce qu'il nous habite, nous entoure totalement et nous influence simultanément à travers tous nos sens. L'étude des processus sous-jacents se fera de plus en plus en tenant compte des dimensions temporelles et en privilégiant des modèles d'explication non linéaires. Ce renouvellement de perspective peut avoir un effet d'entraînement sur les autres secteurs de la psychologie, de sorte que se développent des perspectives plus molaires, plus orientées vers la solution des problèmes, ouvertes à un certain éclectisme méthodologique et résolument interdisciplinaires. La nécessité de construire une théorie des transactions de l'homme avec son environnement basée sur des résultats de recherches ou d'enquêtes sur le terrain peut également conduire à relativiser un certain nombre de conceptions simplistes ou véhiculant des biais systématiques. Dans ce volume, deux exemples ont été mentionnés : la relation entre densité sociale et pathologie et l'a priori négatif avec lequel beaucoup d'auteurs abordent l'étude de la ville. De façon générale, les mutations qui s'imposent sur le plan théorique concernent à la fois une plus grande recherche de validité écologique et de pertinence sociale.

L'intention de l'auteur consistait à tenter d'introduire plus de cohérence dans le domaine en sélectionnant quelques thèmes où beaucoup de données de recherche sont déjà disponibles. La clarification de concepts fondamentaux visait à réduire autant que possible les confusions qui existent encore trop souvent. Il est entendu qu'une discipline aussi jeune est encore à la recherche de son statut et des limites de sa contribution. Le psychologue de l'environnement est en général plus à l'abri quand il analyse en profondeur les processus qui soustendent les transactions de l'homme avec son environnement. Quand il s'agit d'appliquer ces notions à la dynamique urbaine, on doit certainement prendre au sérieux les commentaires de Fischer, qui considère que les modèles des sociologues sont parfois davantage réalistes. Dans un article récent, il met en parallèle les modèles de l'homme, de la ville et des interactions entre les deux, utilisés par la psychologie de l'environnement et la sociologie. Avec raison, il constate que trop souvent les effets de l'urbanisation sont étudiés par le psychologue comme s'il s'agissait du psychisme d'une personne isolée en interaction avec un immense stimulus. Pour la sociologie, ce sont des hommes capables de prises de décision rationnelles, membres de groupes sociaux qui évoluent dans un écosystème très différencié au plan des structures de possibilités et de contraintes.

Au plan pratique, ce n'est évidemment pas au psychologue de déterminer comment aménager l'espace! On peut cependant affirmer avec Stokols que la recherche d'un optimum en matière de planification, c'est-à-dire maximiser la réalisation des besoins des résidents et l'atteinte de leur but, peut certes bénéficier de la collaboration d'un psychologue de l'environnement bien préparé également en psychologie sociale. En effet, ce n'est pas seulement à travers le comportement des individus ou l'environnement social immédiat que cette optimisation pourra se réaliser. Il s'agit de mettre en branle des processus au sein des groupes, des organisations et des communautés entières. Pour organiser cette participation, il faut être en mesure de susciter l'expression articulée des utilisateurs d'un environnement déterminé. C'est donc s'engager dans un travail d'équipe, où le psychologue va devoir collaborer certainement avec l'architecte, le planificateur et le responsable municipal. Comme le dit Lash, le rôle de l'urbaniste n'est pas facilité par les traditions de son métier, souvent parce qu'il est dans l'engrenage de la bureaucratie. Plusieurs parmi eux sont pourtant convaincus de la nécessité d'une stratégie globale pour gérer la croissance en tenant compte des facteurs subjectifs et en étant ouverts à la consultation des usagers.

Il est sans doute sage qu'un volume d'introduction se termine par des conclusions brèves et provisoires. Comme annoncé dans le chapitre introductif, le mot de la fin sera pour définir une position personnelle, entre le pessimisme de Proshansky et l'optimisme d'Altman, quant au développement de la psychologie de l'environnement sous l'angle des apports de la psychologie sociale. Pour ma part, je crois possible d'analyser l'ensemble des travaux rigoureux disponibles pour dégager des conceptualisations, des hypothèses, des modèles, à proposer ensuite aux spécialistes des autres disciplines, dans un travail de consultation et d'intervention sur le terrain. Les obstacles au succès de cette démarche qui apparaissent sont de plusieurs ordres: les complications du travail en équipes multidisciplinaires, les difficultés de satisfaire aux exigences méthodologiques aussi idéales que celles proposées par Bronfenbrenner relativement à la validité écologique, et surtout le fait que la psychologie de l'environnement se déploie aujourd'hui dans un contexte général de crise, donc un peu trop tardivement. Par contre, les raisons d'espérer résident dans l'intérêt suscité chez les psychologues de la jeune génération et les responsables des programmes d'aménagement, le dynamisme des principaux acteurs de la psychologie de l'environnement dans plusieurs pays, ainsi que les acquis théoriques. En effet, on est passé de l'application pure et simple des théories psychologiques existantes à la création de nouveaux concepts et de modèles plus spécifiques. Il est nécessaire et souhaitable de poursuivre dans cette direction, en vue d'élaborer une véritable théorie des transactions de l'homme avec son environnement, des méthodologies plus adéquates et des stratégies d'intervention de concert avec les architectes et les urbanistes. Il a toujours été difficile et enthousiasmant de contribuer à « ouvrir » un nouveau champ de recherche et d'application pour la psychologie.

Postface

> *« En un mot, des hommes subissent profondément l'influence du milieu, et des hommes peuvent, à l'aide des moyens dont ils disposent actuellement, modifier ce milieu à peu près comme ils le désirent. Le problème, c'est que ceux qui subissent ne sont pas ceux qui disposent des moyens. Et, examinant de plus près, on voit que ce sont les structures économiques qui sont ici en cause ».*
>
> *Chombart de Lauwe (1965)*

Tout au long des pages qui précèdent, il a été question de processus psycho-sociaux qui sous-tendent nos transactions avec le cadre de vie.

Pour que ce volume d'introduction à la psychologie de l'environnement devienne un manuel, il faudrait certes compléter l'étude de chaque concept important en y ajoutant les techniques utilisées pour le mesurer. Il est clair que tout l'éventail méthodologique de la psychologie générale et sociale (questionnaires, méthodes d'entrevues, échelles, techniques d'observation) peut être appliqué à ce vaste domaine. Le lecteur intéressé par l'opérationnalisation des notions traitées trouvera dans la version française de la monographie d'Anne Whyte une taxonomie, ainsi qu'une évaluation des méthodes utilisées dans le champ de l'environnement. Il faudrait aussi maîtriser davantage un grand nombre de connaissances diverses et récentes dans leur formulation pour mieux relier entre eux chacun des processus étudiés. Nous sommes conscient que la théorie de la psychologie de l'environnement se fait actuellement et que beaucoup de travail reste à faire. Cet essai de contribution à son élaboration s'est limité à quelques concepts particulièrement utiles pour explorer le domaine et doit beaucoup aux apports de mes étudiants de maîtrise et de doctorat.

Dans sa forme actuelle, nous espérons qu'il rendra service à tous ceux qui veulent s'initier à l'étude des transactions avec l'environnement en leur communiquant le goût d'approfondir la problématique et d'aller sur le terrain pour la mettre en question par la recherche.

D'autre part, la succession de considérations abstraites, qui sont souvent la marque de commerce d'approches théoriques visant à synthétiser un grand nombre de données expérimentales, ne doit pas faire perdre de vue les liens avec la réalité. Pour ma part, il est certain que, derrière chacune des notions abordées, se profile une image riche d'expérience vécue. Puisse le lecteur, à partir de ce texte de vulgarisation scientifique, établir les mêmes liaisons en vue de mieux comprendre et s'expliquer les comportements spatiaux et sociaux dans la vie de tous les jours. Tant de malaises et de malentendus dans nos transactions avec l'environnement pourraient être évités s'ils étaient analysés en temps utile et clairement identifiés.

Notes

[1] Les lecteurs qui désireraient des développements sur les thèmes proposés ci-dessus les trouveront dans Henri Van Lier, *L'Animal signé*, 1980, *Les Arts de l'Espace*, 6ᵉ éd., 1979, *Le Nouvel Age*, 3ᵉ éd., 1970, ainsi que dans les articles d'Encyclopaedia Universalis consacrés par le même auteur à l'architecture, les expériences esthétiques, l'esthétique industrielle, le plaisir, la sculpture (où est illustrée la théorie des moments de l'objet), la zoopsychologie (où est souligné le rôle des surplus d'informations de l'environnement).

[2] Ce texte a été rédigé à ma demande par Claude Champagne dont j'ai dirigé le mémoire de maîtrise portant sur cette question (Faculté des Etudes Supérieures, Université de Montréal, septembre 1980).

[3] Cet éclectisme méthodologique répond aux orientations de la psychologie de l'environnement.

[4] Les résultats généralement rapportés semblent indiquer que le sentiment de responsabilité écologique est peu développé dans l'ensemble de la population: l'absence de normes sociales et morales par rapport à plusieurs activités et comportements qui produisent des problèmes écologiques, le peu de connaissance des individus des répercussions de leurs activités sur l'environnement et la possibilité d'attribuer le blâme et la responsabilité d'agir à d'autres agents sociaux (comme les institutions) sont des symptômes de l'individualisme et de l'anomie qui caractérisent de plus en plus les pays industrialisés.

[5] Selon Converse (1964) une majorité de gens donnent leur opinion quand on le leur demande dans une enquête, mais peu fournissent des réponses qui ont vraiment un sens pour elles; ces «non-attitudes» ont une influence sur la validité des résultats.

[6] Une punition (ou renforcement) est définie par les conséquences qu'elle entraîne, soit de diminuer (ou d'augmenter) l'apparition d'un comportement. Si l'industriel de l'exemple trouve plus rentable de transgresser la loi que de modifier ses systèmes de production, l'amende n'est pas définie comme une punition.

[7] L'éducation à l'environnement semble relativement efficace chez les jeunes enfants qui n'ont pas encore d'habitudes enracinées, chez les individus qui ne sont pas du tout conscients de l'existence d'un problème et quand les solutions préconisées impliquent peu de coûts psychologiques et matériels personnels.

[8] Ce thème a été abordé sur le terrain et a donné lieu à une communication au Congrès International de Psychologie Appliquée - Munich 1978: « Influence de variables individuelles sur la carte psychologique de Montréal » par J. Morval et S. Jutras.

[9] Ces dimensions seront exposées en détail dans la section qui traite de l'enfant et la ville.

[10] Les conflits vécus par rapport à l'espace quotidien. IVe conférence internationale de psychologie de l'espace construit, 1979, Louvain-la-Neuve.

[11] Familiarisée avec la problématique de l'enfant, Monique Morval, ma collègue de Montréal et mon épouse dans la vie, a bien voulu rédiger cette section, et je la remercie de sa collaboration.

[12] A ce propos, une recherche exploratrice a été menée sur le terrain, dont les résultats ont été présentés au Congrès Mondial de l'OMEP à Québec, juillet 1980: « Etude exploratoire des dispositions par rapport à l'environnement chez des enfants urbains » par J. Morval.

Références

CHAPITRE I
Section 1

ALTMAN I. (1976), Environmental psychology and social psychology, *Personality and social psychology bulletin*, 2, (N° 2).
ALTMAN I., WOHLWILL J.F. (ed) (1976), *Human behavior and environment*, volume 1, Plenum Press, N.Y.
BARKER R.G. (1968), *Ecological psychology*, Stanford University Press, Stanford, California.
BRONFENBRENNER U., *The ecology of human development: experiments by nature and design*, Cambridge, Mass.: Harvard university press, 1979.
CRAIK K.H. (1973) Environmental psychology *Annual review of psychology*, 24, pp. 403-422.
ERPICUM D., (1972), Individu et réaménagement écologique *dans* Bourgoignie G.E. (ed), *Perspectives en écologie humaine*, Editions Universitaires, Paris.
FORRESTER J.W. (1969) *Urban Dynamics*, The M.I.T. Press, Cambridge, Mass.
FORRESTER J.W. (1974) *Collected papers of Jay-W. Forrester*, Wright-Allen Press, Inc. Cambridge, Mass.
HAWLEY A., (1968), Human ecology, *International Encyclopedia of the Social Sciences*, 4, 328-337.
HEIMSTRA N.W., MC FARLING L.H. (1974), *Environmental psychology*, Brooks Cole Publishing Company, Californie.
ITTELSON W.H., PROSHANSKY H.M., RIVLIN L.G., WINKEL G.H. (1974), *An introduction to environmental psychology*, New York: Holt, Rinehart and Winston, Inc.

KELLY J.G. (1968), Toward an ecological conception of preventive interventions, *dans* Carter J.W., (ed), *Research contributions from psychology to community mental health*, Behavioral publications, N.Y.
PARK R.E. and BURGESS E.W. (1967), *The city*, The University of Chicago Press, Chicago, Ill.
PROSHANSKY H.M. (1976), Environmental psychology and the real world, *In American Psychologist*, April 1976, pp. 303-310.
STOKOLS D. (1977), Origins and directions of environment behavioral research *dans* Stokols D., (ed). *Perspective on environment and Behavior*, Plenum Press, N.Y.
STOKOLS D. (1978), Environmental psychology. *Annual review of psychology*, 29, 253-295.
VAN LIER (1978), *Les opérateurs* (6e éd. rév.), Ouvrage inédit.
WILLEMS E.P. (1977), Behavioral ecology *dans* Stokols D., (ed) *Perspectives on environment and behavior*, Plenum Press, N.Y.

Section 2

ALTHOFF P., GREIG W.H. (1977), Environmental pollution control: two views from the general population. *Environment and behavior*, 9, 441-456.
ANDERSON W.T., CUNNIGHAM W.H., (1972), The socialy conscious consumer. *Journal of marketing*, 36, 23-31.
ANTOINE S., NAVARIN J. (1978), Les Français et la qualité de la vie. *Futuribles*, 14, 145-157.
ARBUTHNOT J. (1977), The role of attitudinal and personality variables in the prediction of environmental behavior and knowledge. *Environment and behavior*, 9, 217-232.
BORDEN R.J., FRANCIS J.L. (1978), Who cares about ecology? Personality and sex differences in environmental concern, *Journal of personality*, 46, 190-203.
CONE J.D., HAYES S.D. (1980), *Environmental problems/Behavioral solutions*. Belmont, Calif., Brooks-Cole.
CONSTANTINI E., HANF K., (1972), Environmental concern and Lake Tahoe: a study of elite perceptions, backgrounds and attitudes, *Environment and behavior*, 4, 209-242.
CONVERSE P.E. (1964), The nature of belief systems in mass publics, *in* D.E. Apter (Ed.): *Ideology and discontent*, New York: Free Press.
COQUIOLAY S.T. (1976), An empirical investigation of ecologically responsible consumers and their buying behavior. *Dissertation abstract international*, 37 (9A), 6021 (Résumé).
HEBERLEIN T.A., BLACK J.S. (1976), Attitudinal specificity and the prediction of behavior in a field setting. *Journal of personality and social psychology*, 33, 474-479.
ITTELSON W.H., PROSHANSKY H.M., RIVLIN L.G., WINKEL G.H., (1974), *An introduction to environmental psychology*, New York: Holt, Rinehart and Winston.

KINNEAR T.C., TAYLOR J.R., AHMED S.A. (1974), Ecologically concerned consumers: who are they? *Journal of marketing, 38,* 20-34.
LEVENSON H. (1974). Ecological knowledge and perception of environmental modifiability, *American psychologist, 29,* 274-275.
LIPSEY M.W. (1977), Attitudes toward the environment and pollution, *in* S. Oskamp (Ed.): *Attitudes and opinions* (pp. 360-379), New Jersey: Prentice Hall.
MAC GUINESS J., JONES A., COLE S.G. (1977), Attitudian correlates of recycling behavior, *Journal of applied psychology, 62,* 376-384.
MALONEY M.P., WARD M.P., BRAUCHT G.N. (1975), A revised scale for the measurement of ecological attitudes and knowledge, *American psychologist, 20,* 787-790.
MAZIS M.B. (1975), Antipollution measures and psychological reactance theory: a field experiment, *Journal of personality and social psychology, 31,* 654-660.
Mc KECHNIE G.E. (1974), *Manual for the environmental response inventory*, Palo Alto, California: Consulting psychologists press.
MOOS R.H. (1973), Conceptualisations of human environments, *American psychologist, 28,* 652-665.
O'RIORDAN T., (1971), Public opinion and environmental quality: a reappraisal, *Environment and behavior, 3,* 191-214.
ROTTER J.B. (1966), Generalised expectancies for internal versus external control of reinforcement, *Psychological monographs, 80,* 1-26.
STOKOLS D. (1978), Environmental psychology, *Annual review of psychology, 29,* 253-295.
TOGNACCI L.M., WEIGEL R.H., WIDEEN M.F., VERNON T.T.A. (1972), Environmental quality: how universal is public concern? *Environment and behavior, 4,* 73-86.
TRIGG L.J., PERLMAN D., PERRY R.P., JANISSE M.P. (1976), Antipollution behavior: a function of perceived outcome and locus of control. *Environment and behavior, 8,* 307-313.
TUCKER L.R. (1978), The environmentally concerned citizen: some correlates, *Environment and behavior, 3,* 389-418.
TUSO M.A., Geller E.S. (1976), Behavior analysis applied to environmental/ecological problems: a review, *Journal of applied behavior analysis, 9,* 526.
WEBSTER F.E. (1975), Determining the characteristics of the socially counscious consumer, *Journal of consumer research, 2,* 188-196.
WHITE L. (1967), The historical roots of our ecological crisis. *Science, 155,* 1203-1207.
WILLEMS E.P. (1974), Behavioral technology and behavioral ecology. *Journal of applied behavior analysis, 7,* 151-165.

CHAPITRE II
Section 1

ALTMAN I., (1973), Some perspectives on the study on man-environment phenomena, *Representative research in social psychology, 4*, 109-126.
ALTMAN I., CHEMERS M. (1978), Cultural aspects of environment behavior relationships, *in* H.C. Triandis, R. Brislin (Ed): *Handbook of cross-cultural psychology*, volume IV, Boston: Allyn and Bacon.
APPLEYARD D., (1973), Notes on urban perception and knowledge, *in* R.M. Downs, D. Stea: *Image and environment* (pp. 109-114), Chicago: Aldine.
BAILLY A. (1974), La perception des paysages urbains. *L'espace géographique, 3*, 211- 217.
BAILLY A. et al. (1974), Espace et perception, discussion, *L'espace géographique, 3*, 238-240.
BARKER R.G. (1965), Explorations in ecological psychology, *American psychologist, 20*, 1-14.
BECK R.J., WOOD D., (1976), Cognitive transformation of information from urban geographic fields to mental maps. *Environment and behavior, 8*, 199-238.
BERTRAND M.J., (1974), Les espaces humains d'un paysage, *L'espace géographique, 3*, 147-148.
BOULDING K., (1956), *The image*, Cambridge: Harvard University Press.
BRUNET R. (1974), Espace, perception et comportement, *L'espace géographique, 3*, 189-204.
CLAVAL P. (1974), La géographie et la perception de l'espace, *L'espace géographique, 3*, 179-187.
CRAIK K.H., (1976), The personality research paradigm in environmental psychology, *in* S. Wapner, S.B. Cohen, B. Kaplan (Ed.): *Experiencing the environment* (pp. 55-79), New York: Plenum.
DANSEREAU P. (1973), *La terre des hommes et le paysage intérieur*, Montréal: Leméac.
DOWNS R.M., STEA D.C. (1973), Cognitive maps and spatial behavior: process and products, *in* R.M. Downs, D.C. Stea (Ed.).: *Image and environment* (pp. 8-27), Chicago: Aldine.
FRANCESCATO D., MEBANE W. (1973), How citizens view two great cities: Milan and Rome, *in* R.M. Downs, D.C. Stea (Ed.): *Image and environment* (pp. 131-148), Chicago: Aldine.
GOULD P.R., WHITE R.R. (1974), *Mental maps*, Baltimore: Penguin.
HARRISON J., SARRE P. (1975), Personal construct theory in the measurement of environmental images, *Environment and behavior, 7*, 3-58.
HART R.A., MOORE G.T. (1973), The development of spatial cognition: review, *in* R.M. Downs, D.C. Stea (Ed.): *Image and development* (pp. 246-288), Chicago: Aldine.
ITTELSON W.H. (1973), Environment perception and contemporary perceptual theory, *in* W.H. Ittelson (Ed.): *Environment and cognition* (pp. 1-19). New York: Seminar Press.

KING G.F., (1956), Withdrawal as a dimension of schizophrenia: an exploratory study, *Journal of clinical psychology, 12*, 373-375.
LAMARCHE J., RIOUX M., SEVIGNY R., (1973), *Aliénation et idéologie dans la vie quotidienne des Montréalais francophones*, Montréal: Presses de l'Université de Montréal.
LEWIN K. (1936), *Principles of topological psychology*, New York: Mc Graw-Hill.
LITTLE B.R. (1976), Specialization and the varieties of environmental experience: empirical studies within the personality paradigm, *in* S. Wapner, S.B. Cohen, B. Kaplan (Ed.): *Experiencing the environment* (pp. 81-116), New York: Plenum.
LYNCH K., (1960), *The image of the city*, Cambridge: M.I.T. Press.
MEHRABIAN A., (1976), *Public places and private spaces: the psychology of work, play and living environment*, New York: Basic.
MERCER D.C. (1976), Motivational and social aspects of recreational behavior, *in* I. Altman, J.F. Wohlwill (Ed.): *Human behavior and environment* (pp. 123-162), New York: Plenum.
METTON A. (1974), L'espace perçu: diversité des approches, *L'espace géographique, 3*, 228-230.
MILGRAM S. (1976), Psychological maps of Paris, *in* H.M. Proshansky, W.H. Ittelson, Leanne Rivlin (Ed.): *Environmental psychology: people and their physical settings* (pp. 104-124), New York: Holt, Rinehart et Winston.
MILGRAM S., GREENWALD Judith, KESSLER Suzanne, Mc KENNA Wendy, WATERS Judith (1972), A psychological map of New York city. *American scientist, 60*, 194-200.
PORTEOUS J.D. (1971), Design with people: the quality of the urban environment, *Environment and behavior, 3*, 155-178.
ROCHEFORT Renée (1974), La perception des paysages, *L'espace géographique, 3*, 205-209.
SAARINEN T.F. (1976), *Environmental planning, Perception and behavior*, Boston: Houghton Mifflin.
TOLMAN E.C. (1948), Cognitive maps in rats and men, *Psychological review, 55*, 189-208.

Section 2

AIELLO J.R., (1977), Visual interaction at extended distances, *Personality and social psychological bulletin, 3*, 83-86.
AIELLO J.R., DE RISI Donna T., EPSTEIN Y.M., KARLIN R.A. (1977), Crowding and the role of interpersonal distance preference, *Sociometry, 40* (3), 271-282.
ALTMAN I., VINSEL Anne M. (1976), Personal space, an analysis of E.T. Hall's proxemics framework, *dans* Altman I., Wohlwill J.F., (ed) *Human behavior and environment*, Volume 2, Plenum Press, N.Y.
ARDREY R. (1966), *The territorial imperative: A personal inquiry into the animal origins of property and nations*, N.Y., Atheneum.

ARGYLE M., DEAN J. (1965), Eye contact, distance and affiliation, *Sociometry*, 28, 289-304.
ARGYLE M., INGHAM R. (1972), Gaze, mutual gaze and proximity, *Semiotica*, 6(1), 32-50.
BARON R.A. (1978), Invasions of personal space and helping: Mediating effects of invader's apparent need, *Journal of experimental social psychology*, 14, 304.
BAXTER J.C. (1970), Interpersonal spacing in natural settings, *Sociometry*, 33(4), 444-456.
BECKER F.D., MAYO Clara (1971), Delineating personal distance and territoriality, *Environment and behavior* 3(4), 375.
CODOL J.P. (1978), Espace personnel, distance inter-individuelle et densité sociale, *Revue de psychologie appliquée*, 28(1) et (2).
COOK M. (1970), Experiments on orientation and proxemics, *Human relations*, 23,(1), 61-76.
COZBY P.C. (1973), Effects of density, activity and personality on environmental preferences, *Journal of research in personality*, 7(1), 45-60.
DEAN L.M., WILLIS F.N., HEWITT J. (1975), Initial interaction distance among individuals equal and unequal in military rank, *Journal of personality and social psychology*, 32, 294-299.
DOSEY M.A., MEISELS M. (1969), Personal space and self protection, *Journal of personality and social psychology*, 2, 93-97.
EBERTS E.N., LEPPER M.R. (1975), Individual consistency in the proxemic behavior of preschool children, *Journal of personnality and social psychology*, 32, 841.
EDWARDS D.J.A. (1972), Approaching the unfamiliar, A study of human interaction distances, *Journal of behavioral sciences*, 1, 249-250.
EXLINE R.V., GRAY D., SCHUETTE D., (1965), Visual behavior in dyad as affected by interview content, and sex of repondent, *Journal of personality and social psychology*, 1 (3), 201-209.
FESTINGER L., PEPITONE A., NEWCOMB T (1952), Some consequences of deindividuation in a group, *Journal of abnormal and social psychology*, 47(2), 382-289.
FISHER J.D., BYRNE D., (1975), Too close for comfort: Sex differences in response to invasions of personal space, *Journal of personality and social psychology*, 32,15-21.
FRANKEL A.S., BARRET J. (1971), Variations in personal space as a function of authoritarianism, self-esteem, and racial characteristics of a stimulus situation, *Journal of consulting and clinical psychology*, 37, 95-98.
FREDE Martha C., GAUTNEY D.B., BAXTER J.C. (1968), Relationships between body image boundary and interaction patterns on the MAPS test, *Journal of consulting and clinical psychology*, 32, (5), 575-578.
GOFFMAN E., (1972), *Relations in public*, Harper et Row, N.Y.
HALL E.T. (1974), *Handbook of proxemics research*, Washington D.C., Society for the anthropology of visual communication.

HARE A.P., BALES R.F. (1963), Seating position and small group interaction, *Sociometry*, 26, 480-486.
HARTNETT J.J., BAILEY K.G., HARTLEY C.S. (1974), Body weight, position, and sex as determinants of personal space, *Journal of psychology*, 87, 129-136.
HEDIGER H. (1950), *Wild animals in captivity*, Butterworth and co, London.
HILDRETH A.M., DEROGATIS L.R., MC CUSKER K. (1972), Body buffer zone and violence: A reassessment and confirmation, *American journal of psychology*, 127, 77-81.
HOROWITZ M., DUFF D., STRATTON L., (1964), Body buffer zone: Explorations of personal space, *Archives of general psychiatry*, 2, 651-656.
JOURARD S.M. (1966), An exploratory study of body accessibility, *British journal of social clinical psychology*, 5, part 3, 221-231.
KAHN A., MC GAUGHEY T.A. (1977), Distance and liking: When moving close produces increased liking, *Sociometry*, 40(2), 138-144.
KARABENICK S., MEISELS M. (1972), Effects of performance evaluation on interpersonal distance, *Journal of personality*, 40, 275-286.
KLECK R.E. (1970), Interaction distance and non verbal agreeing responses, *British journal of social and clinical psychology*, 9, 180-182.
KRAIL Kristina A., LEVENTHAL Gloria (1976), The sex variable in the intrusion of personal space, *Sociometry*, 39(2), 170-173.
LEIBMAN Miriam (1970), The effects of sex and race norms on personal space, *Environment and behavior*, 2(2), 208.
LITTLE K.B., (1965), Personal space, *Journal of experimental social psychology*, 1(3), 237-247.
LOFLAND L.H., (1973), *A world of stranger: Order and action in urban public places*, Basic book, N.Y.
MC BRIDE G., KING M.G., JAMES J.N., (1965), Social proximity effects on galvanic skin responses in adult humans, *Journal of psychology*, 61, 153-157.
MC DOWELL K.V., (1972), Violations of personal space, *Canadian journal behavioral science/Revue canadienne des sciences du comportement*, 4(3).
MEHRABIAN A. (1969), Some referents and measures of nonverbal behavior, *Behavior research methods and instrumentation*, 1(6), 203-207.
MEHRABIAN A., DIAMOND S., (1971), Seating arrangement and conversation, *Sociometry*, 34, 281-289.
MEISELS M., CANTER F.M. (1970), Personal space and personality characteristic: A non-confirmation, *Psychological reports*, 27(2), 287-290.
MOBBS N. (1968), Eye contacts in relation to social introversion/extroversion, *British journal of social and clinical psychology*, 7, part 4, 305-306.
MOLES A., ROHMER Elisabeth (1972), *Psychologie de l'espace*, Coll. Casterman, Belgique.
NESBITT P.D., STEVEN G. (1974), Personal space and stimulus intensity, *Sociometry* 37(1), 105-115.

PATTERSON M. (1977), Interpersonal distance, affect, and equilibrium theory, *Journal of social psychological bulletin*, 4.

PEDERSEN D.M. (1973), Self-disclosure, body-accessibility and personal space, *Psychological reports*, 33, 975-980.

RAWLS J.R., TREGO R.E., MC GAFFEY C.N., RAWLS Donna J. (1972), Personal space as a predictor of performance under close working conditions, *Journal of social psychology*, 86 261-267.

ROSENFELD M. (1965), Effect of an approval-seeking induction on interpersonal proximity, *Psychological reports*, 17, 120-122.

SCHWARZWALD J., KAVISH Naomi, SHOHAM Monica, WAYSMAN M. (1977), Fear and sex-similarity as determinants of personal space, *Journal of psychology*, 96, p. 55.

SCHERER S., (1974), Proxemic behavior or primary school children as a function of their socio-economic class and subculture, *Journal of personality and social psychology*, 29, 800-805.

SCOTT J.S. (1974), Awareness of informal space: A longitudinal analysis, *Perceptual and motor skills*, 39, 735-738.

SEGUIN A. (1967), The individual space, *International journal of neuropsychiatry*, 3(2), 108-117.

SHERROD D.R., DOWNS R. (1974), Environmental determinants of altruism: The effects of stimulus overload and perceived control on helping, *Journal of experimental social psychology*, 10(1).

SOMMER R. (1969), *Personal space: the behavioral basis of design*, Englewood Cliffs, Prentice-Hall, N.J.

STEINZOR B. (1950), The spatial factor in face to face discussion groups, *Journal of abnormal and social psychology*, 45, 552-555.

STRATTON L.O., TEKIPPE D.J., FLICK G.L. (1973), Personal space and self-concept, *Sociometry*, 36(3), 424-429.

SUNDSTROM E., ALTMAN I. (1976), Interpersonal relationships and personal space, *Human ecology*, 4, 47-67.

TEDESCO J.F., FROMME D.K., (1974), Cooperation, competition, and personal space, *Sociometry*, 37(1), 116.

TENNIS G.H., DABBS J.M. jr (1975), Sex, setting and personal space: First grade through college, *Sociometry*, 38, 385-394.

TOLOR A., LE BLANC R.F. (1974), An attempted clarification of the psychological distance construct, *Journal of social psychology*, 92 (2), 259-267.

TOLOR A., WARREN M., (1971), Relation between parental interpersonal styles and their children's psychological distance, *Psychological reports*, 29(3), 1263-1275.

WILLIAMS J.L. (1971), Personal space and its relation to extraversion - introversion, *Canadian journal of behavioral science*, 3, 156-160.

WILLIS F. (1966), Initial speaking distance as a function of the speaker's relationship, *Psychonomic science*, 5(6), 221-222.

Section 3

ALTMAN I., (1977), Privacy regulation: culturally universal or culturally specific, *Journal of Social Issues, 33(3)* 66-84.
ALTMAN I., TAYLOR D.A., (1975), Self-disclosure as a function of reward-cost outcome, *Sociometry, 38(1)*, 18-31.
BATES A.P., (1964), Privacy, a useful concept? *Social Force, 42*, 429-434.
CRANSTON M., (1975), A private space, *Information sur les sciences sociales, 19 (5)*, 41-57.
GOFFMAN E., (1972), *Relations in public*, Harper et Row, N.Y.
GRAND'MAISON J., (1975), *Le privé et le public*, tome 2, Leméac, Ottawa.
HALL E.T., (1971), *La dimension cachée*, Edition du Seuil, Collection Points, Paris.
JOHNSON C.A., (1974), Privacy as personal control *dans* CARSON, D.H. (ed). *Man environment interactions: evaluations and appreciations*, Partie 2, Dowden, Hutchinson and Ross Inc., Pennsylvanie.
JOURARD S.M., (1971), *The transparent self*, Van Nostrand, Reinhold Company, N.Y.
LAUFER R.S., PROSHANSKY H.M., WOLFE M., (1973), Some analytic dimensions of privacy *dans* KÜLLER R., (ed). *Architectural Psychology*, Dowden Hutchinson et Ross Inc., Pennsylvanie.
LOFLAND L.H., (1976), The modern city: spatial ordering *dans* PROSHANSKY H.M., ITTELSON W.H., RIVLIN L.G., (eds). *Environmental psychology: people and their physical settings*, 2^e edition, Holt, Rinehart et Winston, N.Y.
MARGULIS S.T., (1974), Privacy as a behavioral phenomenon: coming of age *dans* CARSON D.H., (ed), *Man environment interactions: evaluations and applications*, Partie 2. Dowden, Hutchinson et Ross Inc., Pennsylvanie.
MARSHALL Nancy J., (1972), Privacy and environment, *Human ecology, 1 (2)*, 93-100.
PASTALAN L.A., (1970), Privacy as an expression of human territoriality *dans* CARSON D.H., PASTALAN L.A., (eds), *Spatial behavior of older people*, University of Chicago, Chicago.
PASTALAN A., (1974), Privacy preferences among relocated institutionalized elderly *dans* CARSON D.H., (ed), *Man environment interactions: evaluations and applications*, Partie 2, Dowden, Hutchinson et Ross Inc., Pennsylvanie.
SCHWARTZ B., (1968), The social psychology of privacy, *The American Journal of Sociology, 73*, 741-752.
WESTIN A.F., (1967), *Privacy and Freedom*, Atheneum, N.Y.

Section 4

ALTMAN I., Territorial behavior in humans: an analysis of the concept. *In* L. Pastalan and D. Carson (eds). *Spatial behavior of older people*. Ann Arbor — The University of Michigan. S.V. Press, 1970.

BECKER F.D., *Study of spatial markers*. J. Pers. Soc. Psychol., 26, 439-445, 1973.
CALHOUN J.B., *Population density and social pathology*. Scientific American, 206, 139-148, 1962.
CALHOUN J.B., *The ecology and sociology of the Norway rat*. Publ. 1008, Washington, D.C. U.S. Public Health Service, 1963.
CHOMBART de LAUWE P., *Famille et habitation*, Paris, Editions du CNRS, 1959.
EDNEY J.J., Human Territories: Comment on functional properties. *Environment and behavior*, 1976, 8, 31-47.
ESSER A., *Behavior and environment*. New York, Plenum Press, 1971.
FREEDMAN J.L., *Crowding and human behavior*. San Francisco, Freeman, 1975.
GOFFMAN E., *Relations in Public: microstudies of the public order*. London, The Penguin Press, 1971.
GRIFFITT W. and VEITCH R., Influences of population density on interpersonal affective behavior. *Journal of Pers. and Soc. Psychol.*, 1971, 17, 92-98.
MILGRAM S., The experience of living in cities. *Science*, 1970, 167, 1461-1481.
PASTALAN L., Privacy preferences among relocated institutionalized elderly. *In* Carson D., *Man-Environment Interactions*, Vol. 1-12. Washington, Edra, 1974.
SOMMER R., Man's proximate environment. *Journal of Social Issues*, 1966, 22, 59-70.
STEA D., Space, territory and human movements. *Landscape*, 1965, 15, 13-16.
STOCKDALE J., Crowding: determinants and effects. *In* Berkowitz L., (ed) *Advances in Experimental Social Psychology*, 1978, Vol. 11, New-Yotk, Academic Press, pp. 197-247.
STOKOLS D., On the distinction between density and crowding: some implication for future research. *Psychological Review*, 1972, 79, 275-277.
STOKOLS D., A typology of crowding experiences. *In* Baum, A. and Epstein, Y. (eds) *Human response to crowding*. Hillsdale N.J., 1978, 219-255.
SUNDSTROM E., Crowding as a sequential process: review of research of the effects of population density on humans. *In* Baum, A. and Epstein, Y., (eds) *Human Response to Crowding*. Hillsdale N.J., 1978, 31-116.
SUNDSTROM E., ALTMAN I., Interpersonal relationships and personal space: *Research review and theoretical model*. Hum. Ecol. 1976, 4, 47-67.
WORCHEL S., The experience of crowding: an attributional analysis. *In* Baum A., and Epstein Y., (eds) *Human Response to Crowding*. Hillsdale, N.J., 1978, 327-351.

CHAPITRE III
Section 1

ALEXANDER C., (1966), The city as a mechanism for sustaining human contact *dans* EDWALD W.R., (eds) *Environment for man, the next fifty years*, Indiana University Press, Indiana.

AUDET J.P., (1977), L'option urbaine initiale, *Critère, 19*, 9-20.

BECHTEL R.B., (1971), A behavioral Comparison of urban and small town environment, *dans* ARCHER J., EASTMAN C., (eds) *Edra two*, Proceedings of the 2nd annual environmental design research association conference, Carnegie-Mellon University, Pittsburg.

BROWN L.A., MOORE E.G., (1971), Perspectives on urban spatial systems. *Economic geography.* 47 (Janv.).

BURGESS E.W., PARK R.E., (1967), *The city,* The university of Chicago Press, Chicago.

BUTTIMER Anne, (1972), Social space and the planning of residential areas. *Environment and behavior.* 4(3), 279.

DEUTSCH K.W., (1977), On social communication and the metropolis *dans* ARNOLD W.E., BULEY J.L., (ed), *Urban communication*, Winthrop publishers Inc., Canada.

FISCHER C.S., (1974), Urban malaise, *Social Forces, 52 (3)*, 221-235.

GOFFMAN E., (1963), *Behavior in public places*, The Free Press, N.Y.

HOLOHAN C.J., (1977), Effects of urban size and heterogeneity on judged appropriateness of altruistic responses: Situational versus subject variables. *Sociometry.* 40(4), 378.

JACKSON R.M., FISCHER C.S., MC CALLISTER, JONES L., (1977), The dimensions of social networks, *dans* FISCHER C.S., et autres (eds). *Networks and places: social relations in the urban settings*, The Free Press, N.Y.

JACOBS J., (1976), The uses of sidewalks, *dans* PROSHANSKY H.M., ITTELSON W.H., RIVLIN L.C., (eds), *Environmental psychology: people and their physical settings*, 2e édition, Holt, Rinehart et Winston, N.Y.

KARP D.A., STONE G.P., YOELS W.C., (1977), *Being urban: a social psychological view of city life*, Heath and Company, Massachusett.

KORTE C., (1975), Helpfullness in dutch society as a function of urbanization and environment input. *Journal of personality and social psychology.* 32(6), 996.

LEE T.R., (1968), Urban neighbourhood as a socio-spatial schema, *Human relations, 21*, 241-267.

LEONARD J., (1977), Pour un espace reconquis, *Critère, 19*, 21-29.

LOFLAND L.H., (1973), *A world of stranger: order and action in urban public places*, Basic Book, N.Y.

LUTZ B., (1972), Réflexions sur le problème sociologique de la ville, *Sociologie et Société, 4 (1)*, 139-154.

MEAD Margaret, (1972), Neighbourhoods and human needs, *dans* BELL G., TYRWHITT J., (eds), *Human identity in the urban environment*, Penguin Books, N.Y.

MILGRAM S., (1970), The experience of living in Cities, *Sciences, 167*, 1461-1468.

REMY J., (1972), Urbanisation de la ville et production d'un régime d'échanges, *Sociologie et société, 4 (1)*, 101-120.

SMITH S., (1977), Human needs and the urban environment, *dans* ARNOLD W.E., BULEY J.L., (eds) *Urban communication*, Winthrop Publishers Inc., Canada.

STRAUSS A., (1976), Life style and urban space, *dans* PROSHANSKY H.M., ITTELSON W.H., RIVLIN L.G., (eds), *Environmental psychology: people and their physical settings*, 2e édition, Holt, Rinehart et Winston, N.Y.

STRINGER P., (1976), Living in the city, *dans* CANTER D., STRINGER P., (eds), *Environmental interaction: psychological approaches to our physical surrounding*, International Universities Press.

WEINER F.H., (1976), Altruism, ambiance and action. The effects of rural and urban rearing on helping behavior. *Journal of personality and social psychology*, 34 (1), 112.

WOLFF M., (1973), People in place, *dans* BIRENBAUM A., SAGARIN E., (eds), *Norms and human behaviors*, Praeger N.Y.

Section 2

ALTMAN I. & WOHLWILL J.F., (eds.), *Children and the environment*, New York, Plenum Press, 1978.

ARIES P., L'environnement urbain: l'enfant hors de la famille dans la cité, *In* C.Q.E.E. *Actes du Congrès: l'enfant et la vie urbaine*, Montréal, C.Q.E.E., 1980.

BOWER G.H., Analysis of a mnemonic device, *American Scientist*, 1970, 58 (5), pp. 496-510.

BRUNER J.S., The course of cognitive growth, *American Psychologist*, 1964, 19, pp. 1-15.

BRUNER J.S., OLVER R.R., GREENFIELD P.M., et al. (eds): *Studies in cognitive growth*. New York, Wiley, 1966.

Children's environments advisory service: *Housing Canada's children: a data base*, Ottawa, SCHL, 1979.

CHOMBART de LAUWE M.J., *Psychopathologie sociale de l'enfant inadapté*. Paris, Editions du C.N.R.S., 1959

CHOMBART de LAUWE M.J. et al., *Enfant en jeu*. Paris, Editions du C.N.R.S., 1976.

FREEMAN F.N., Geography: extension of experience though imagination. *In The psychology of common branches*, Boston, Houghton, Mifflin, 1916, pp. 161-178.

GAMAS & LAUTIER E., La représentation de la ville chez l'enfant. *In* Centre International de l'enfance, *Séminaire international sur l'enfant dans la cité*. Paris, C.I.E., 1971.

HART R.A. et MOORE G.I., *Le développement de la connaissance spatiale et applications aux grands environnements: revue-critique*, Montréal, Université de Montréal: C.R.I.U., 1976.

HAZEN N.L., LOCKMAN J.L. & PICK H.L. jr., The development of children's representation of large-scale environments, *Child development*, 1978, 49, pp. 623-636.

HERMAN J.F. & SIEGEL A.W., The development of cognitive mapping of the large scale environment, *Journal of experimental child psychology*, 1978, 26, pp. 389-406.

LEWIN K., Environmental forces in child behavior and development. *In A dynamic theory of personality*, New York, McGraw-Hill book cy, 1935, pp. 66-113.

LYNCH K., The image of the city. In DOWNS R. & STEA D., (eds), *Cognitive mapping: images of spatial environments*, Chicago, Aldine-Atherton, 1977.

MACCOBY M. & MODIANO N., On culture and equivalence. *In* BRUNER J.S., et al. (eds), *Studies in cognitive growth*, New York, Wiley, 1966, pp. 257-269.

MC KECHNIE G., The environmental response inventory in application. *In Environment and Behavior*, vol. 9 n° 2, June 1977, Sage Publications, pp. 235-277.

MESMIN G., *L'enfant, l'architecture et l'espace*, Tournai-Casterman, Coll. Orientation / E3, 1973.

MORVAL J., *Etude exploratoire des dispositions par rapport à l'environnement chez des enfants urbains*, Communication à la 16e assemblée mondiale de l'O.M.E.P., Québec, 1980.

MOSCOVICI M., Personnalité de l'enfant en milieu rural, *In Etudes rurales*, Tome 1, 1961, pp. 57-69.

PARKE R.D., Children's home environments: social and cognitive effects. In ALTMAN I. & WOHLWILL J.F., (eds), *Children and the environment*, New York, Plenum Press, 1978, pp. 33-81.

PIAGET J., *La construction du réel chez l'enfant*, Neuchâtel, Delachaux et Niestlé, 1937.

PIAGET J. & INHELDER B., *La représentation de l'espace chez l'enfant*, Paris, P.U.F., 1948.

PIAGET J., INHELDER B. & SZEMINSKA J., *La géométrie spontanée de l'enfant*, Paris, P.U.F., 1948.

SCHOUELA D.A. et al., Development of the cognitive organization of an environment, *Canadian J. of behavioral science*, 1980, 12(1), pp. 1-15.

SHEMYAKIN F.N., Orientation in space, cité dans HART R.A. & MOORE G.T., Le développement de la connaissance spatiale et application aux grands environnements, Montréal, C.K.I.U., 1976.

SIEGEL A.W. & KAIL R.V. jr., Stalking the elusive cognitive map: the development of children's representations of geographic space, *In* ALTMAN I. & WOHLWILL J.F., eds, *Children and the environment*, New York, Plenum Press, 1978, pp. 223-258.

STEA D. & BLAUT J.M., Notes toward a developmental theory of spatial learning, *In* DOWNS R. & STEA D., eds, *Cognitive mapping: images of spatial environments*, Chicago, Aldine-Atherton, 1977.

WERNER H., Perception of spatial relationship in mentally retarded children, *Journal of genetic psychology*, 1940, 57, pp. 93-100.

WOLFE M., Childhood and privacy, *In* ALTMAN I. & WOHLWILL J.F., *Children and the environment*, New York, Plenum Press, 1978.

WRIGHT H.F., Urban space as seen by the child, *Courrier du Centre International de l'enfance*, 1971, 5, pp. 485-495.

Bibliographie générale

N.B. Il est clair que la liste proposée ci-dessous ne constitue pas une bibliographie complète du domaine multidisciplinaire, en pleine expansion, concerné par cet ouvrage. Les volumes retenus l'ont été en raison même de l'éclairage spécifique qu'ils contribuent à apporter aux principaux thèmes abordés, sans mention des articles proprement dits. Ces derniers sont d'ailleurs nombreux en langue anglaise et singulièrement redondants. Par ailleurs, si notre choix privilégie beaucoup d'auteurs américains, c'est également parce qu'il est souhaitable que cette littérature moins directement accessible en Europe puisse être connue et consultée avant l'apparition souvent tardive de traductions adéquates.

ALTMAN I., *Environnement and social behavior*, California: Brooks-Cole, 1975.
ALTMAN I., WOHLWILL J., *Human behavior and environment*, New York: Plenum Press, 1976 et 1977.
BAILLY A., *L'organisation urbaine. Théorie et modèles*, Paris: Centre de Recherches d'Urbanisme, 1975.
BARKER R.G., *Ecological psychology*, Stanford: Stanford University Press, 1968.
BARKER R.G, GUMP P., *Big school, small school*, Stanford Calif.: Stanford University Press, 1964.
BARKER R.G., SCHOGGEN P., *Qualities of community life*, San Francisco: Jossey Bass, 1973.
BAUM A., EPSTEIN Y., *Human response to crowding*, Hillsdale New Jersey: Erlbaum, 1978.
BAUM A., SINGER J., VALINS S., *Advances in environmental psychology*, New York: Erlbaum, 1978.
BELL P., FISHER J., LOOMIS R., *Environmental psychology*, Toronto: W. Saunders Cy, 1978.
BERTALANFFY L. (von), *Théorie générale des systèmes*, Paris: Dunod, 1973.
BRONFENBRENNER U., *The experimental ecology of human development*, Cambridge Mass.: Harvard University Press, 1978.
CANTER D., *Environmental interaction*, Londres: Surrey University Press, 1975.
CANTER D., LEE T., *Psychology and the built environment*, New York: Halstead, 1974.

CASTELLS M., *La question urbaine*, Paris: Maspero, 1975.
CHERMAYEFF S., ALEXANDER N., *Community and privacy: toward a new architecture of humanism*, New York: Doubleday, 1963.
CHOMBART de LAUWE P.H., *Des hommes et des villes*, Paris: Payot, 1965.
CRAIK K., ZUBE E., *Perceiving environmental quality*, New York: Plenum, 1976.
DANSEREAU P., *La terre des hommes et le paysage intérieur*, Montréal: Leméac, 1973.
DOWNS R., STEA D., *Image and environment: cognitive mapping and spatial behavior*, Chicago: Aldine, 1973.
ESSER A., *Behavior and environment*, New York: Plenum Press, 1971.
EWALD W., *Environment for man*, Bloomington Indiana: University Press, 1967.
FISCHER C., *The urban experience*, New York: Harcourt, Brace, Jovanovich, 1976.
FISCHER G.N., *Espace industriel et liberté*, Paris: P.U.F., 1980.
FORRESTER J., *Urban dynamics*, Boston: MIT Press, 1969.
FREEDMAN J.L., *Crowding and behavior*, San Francisco: W. Freeman, 1975.
GANS H., *The urban villagers*, New York: Free Press, 1962.
GLASS D., SINGER J., *Urban stress*, New York: Academic Press, 1972.
HALL E.T., *The hidden dimension*, New York: Doubleday, 1966.
HALL E.T., *The silent language*, Greenwich Conn.: Fawcet, 1959.
LABORIT H., *L'homme et la ville*, Paris: Flammarion, 1971.
LEE T., *Psychology and the environment*, London: Methuen, 1976.
LEFEBVRE H., *Le droit à la ville II*, Paris: Anthopos, 1972.
LEVY-LEBOYER C., *Etude psychologique du cadre de vie*, Paris: CNRS, 1977.
LEVY-LEBOYER C., *Psychologie et environnement*, Paris: P.U.F., 1980.
LYNCH K., *L'image de la cité*, Paris: Dunod, 1971.
Mc GURK H., *Ecological factors in human development*, Amsterdam: North-Holland Publ., 1976.
Mc KECHNIE G., *ERI manual*, Berkeley: Consulting Psychologists Press, 1974.
MEHRABIAN A., *Silent messages*, Belmont Calif.: Wadsworth, 1971.
MEHRABIAN A., RUSSEL J., *An approach to environmental psychology*, Cambridge Mass.: MIT Press, 1974.
MERCER C., *Living in cities*, Middlesex: Penguin Books, 1975.
MICHELSON W., *Man and his urban environment*, Reading Mass.: Addison-Wesley, 1976.
MOLES A., ROHMER, *Psychologie de l'espace*, Paris: Casterman, 1972.
MOOS R.H., *The human context: Environmental determinants of behavior*, New York: Wiley, 1976.
MOOS R., INSEL P., *Issues in social ecology: human milieus*, Palo Alto Calif.: National Press, 1974.
NEWMAN O., *Defensible space*, New York: Collier Books, 1973.

PAILHOUS J., *La représentation de l'espace urbain*, Paris: P.U.F., 1970.
PARK R., BURGESS E., McKENZIE R., *The city*, Chicago: Univ. of Chicago Press, 1925.
PASTALAN L., CARSON D., *Spatial behavior of older people*, Ann Arbor Mich.: Univ. of Michigan Press, 1970.
PESSIN A., TORGUE H., *Villes imaginaires*, Paris: Editions du Champ Urbain, 1980.
PROSHANSKY H., ITTELSON W., RIVLIN L., *Environmental psychology: People and their physical settings* (2nd ed.), New York: Holt, Rinehart, Winston, 1976.
PROSHANSKY H., RIVLIN L., WINKEL G., *An introduction to environmental psychology*, New York: Holt, Rinehart & Winston, 1974.
RIMBERT S., *Les paysages urbains*, Paris: Colin, 1973.
ROUGERIE G., *Les cadres de vie*, Paris: P.U.F., 1975.
SOMMER R., *Design awareness*, New York: Holt, Rinehart & Winston, 1972.
SOMMER R., *Personal space*, Englewood Cliffs: Prentice Hall, 1969.
STOKOLS D., *Perspectives in environment and behavior*, New York: Plenum Press, 1977.
VAN LIER H., *L'animal signé*, Rhode-Saint-Genèse, Belgique: De Visscher.
WAPNER S., COHEN S., KAPLAN B., *Experiencing the environment*, New York: Plenum Press, 1976.
WESTIN A., *Privacy and freedom*, New York: Atheneum, 1970.

Index des auteurs cités

Adams, 128
Ahmed S.A., 37
Aiello J.R., 71, 76
Alexander C., 60, 117, 119-121, 123, 134-143
Altman I., 17-18, 24-27, 29, 50-52, 70-104, 117, 123, 159
Anderson W.T., 37
Antoine S., 35
Appleyard D., 53
Arbuthnot J., 38
Ardrey R., 69
Argyle M., 81
Aries P., 144
Audet J.D., 118, 122

Bailly A., 50, 52, 55, 58
Bales R.F., 74
Barker R.G., 20, 117
Barrett J., 75
Bates A.P., 86-87, 98
Baxter J.C., 73, 76, 80
Bechtel R.B., 117
Beck R.J., 52, 54-55, 58, 60
Becker F.D., 70, 103
Bertrand M.J., 50, 58
Blaut J.M., 146
Borden R.J., 37-38
Boulding K., 52
Braucht G.N., 36
Bronfenbrenner U., 21, 111, 159
Brown L.A., 128

Bruner J.S., 146
Burgess E.W., 116
Buttimer A., 127, 129, 133
Byrne D., 74, 79

Calhoun J.B., 103
Canter F.M., 26, 70
Castells M., 111
Chemers M., 50-52
Chermayeff S., 117, 119, 121, 123
Chombart de Lauwe P., 105, 151
Clark, 57
Codol J.P., 65, 133
Cole S.G., 37
Cone J.D., 42
Constantini E., 37
Converse P.E., 163
Cook M., 79
Coquiolay S.T. 37
Cozby P.C., 71, 93
Craik K.H., 15, 27, 60-61
Cunnigham W.H., 37

Dabbs J.M. jr., 71
Dansereau P., 47, 50
Darley J., 121
Dean L.M., 78, 81
De Jonge, 114
Delisle M.A., 124
Deutsch K.W., 122-124
Diamond S., 74
Dosey M.A., 72, 76

Downs R.M., 48, 51, 76

Eberts E.N., 72
Edney J.J., 102-103
Edwards D.J.A., 79
Endler, 60
Erpicum D., 117-118
Esser A., 108
Exline R.V., 73, 81

Festinger, 113
Fischer C.S., 116, 122, 124-125, 158
Fisher J.D., 74
Forrester J.W., 17
Francescato D., 27, 52-54, 57, 59-60
Francis J.L., 37-38
Frankel A.S., 75
Frede M.C., 82
Freedman J.L., 105-106
Fried M., 124
Fromme D.K., 79

Geller E.S., 42
Gleicher P., 124
Goffman E., 77, 102, 121
Gould P.R., 52, 55
Grand'Maison J., 117-119, 122, 124-125
Griffitt W., 106
Guardo, 72

Hall E.T., 65, 68, 79, 89, 94-99, 115, 129-131
Hanf K., 37
Hare A.P., 74
Harrison J., 51-52
Hart R.A., 51-52, 146-147
Hartnett J.J., 74
Hawley A., 17-18
Hayes S.D., 42
Hazen N.L., 149
Hearn, 83
Heberlein T.A., 38
Hediger H., 68
Heimstra N.W., 18-19
Hildreth A.M., 75
Holohan C.J., 115
Horowitz M., 65, 71, 75, 77

Inhelder B., 147
Ittelson W.H., 22, 31, 33, 40, 47-49, 117

Jackson R.M., 122
Jacobs J., 122-125
Janisse M.P., 38
Johnson C.A., 85-86
Jones A., 37
Jones L., 122
Jourard S.M., 79, 93, 95, 98

Kahn A., 74
Karabenick S., 76
Karp D.A., 120, 122, 126
Kelly J.G., 18
Kelvin P., 85-86
King G.F., 61-79
Kinnear T.C., 37
Kleck R.E., 77

Lamarche J., 57
Lantz, 135
Lash H., 159
Latané B., 121
Laufer R.S., 85-86, 91, 95
Le Blanc R.F., 72
Lee T.R., 113, 121
Leibman M., 69, 73
Leipold, 75
Leonard J., 116, 124
Lepper M.R., 72
Levenson H., 38
Lévy-Leboyer C., 16, 26
Lewin K., 20, 61, 145
Linder, 113
Lipsey N.W., 35-37
Little B.R., 61-63, 78, 83
Little K.B., 65
Lofland L.H., 70, 116-117, 127
Lorenz, 100
Lutz B., 116, 121, 124
Lyman, 101
Lynch K., 52-53, 58, 147

Maccoby M., 147
Mc Bride G., 74
Mc Callister, 122
Mc Farling L.H., 18-19
Mc Gaughey T.A., 74
Mc Gregor, 77
Mc Guiness J., 37
Mc Kechnie G.E., 37, 152-153
Maloney M.P., 36
Margulis S.T., 87
Marshall N.J., 95
Mayo C., 70
Mead M., 119-121
Mebane W., 53-54, 57-60
Mehrabian A., 61, 69, 74, 80
Meisels M., 70, 72
Mesmin G., 149
Metton A., 53, 58
Michelson W., 57
Milgram S., 52, 54, 57-58, 108, 116, 120-121, 126
Miller, 114
Mobbs N., 76
Modiano N., 147
Moles A., 112-113, 129, 131

Moore E.G., 128
Moore G.T., 51-52, 146-147
Moos R.H., 17, 23, 34, 111
Morris, 69
Murray, 20

Navarin J., 35
Nesbitt P.D., 73, 82
Newcomb T., 113

O'Riordan T., 39, 43

Packard V., 119-125
Park R.E., 19, 116, 119
Parke R.D., 150-151
Pastalan L., 92-95, 99, 101-104
Patterson M., 70, 75, 78
Pedersen D.M., 72
Pepitone, 113
Perlman D., 38
Perry R.P. 38
Piaget J., 145-147
Porteous J.D., 51, 59
Prigogine, 21
Proshansky H.M., 21, 25-31, 85-87, 91, 95, 117-118, 159

Rawls J.R., 71
Remy J., 116, 121, 124-125
Rivlin L.G., 31, 117
Rochefort R., 50, 59
Rohmer E., 112-113, 129, 131
Rosenfeld M., 71, 78
Rotter J.B., 38
Rubin I., 93

Sarre P., 51
Scherer S., 80
Schoula D.A., 148
Schwarz B., 85-86, 89
Scharzwald J., 76
Scott J.S., 71, 101
Seguin A., 69
Shemyakin F.N., 148
Sherrod D.R., 76
Simmel, 114
Skinner B., 20
Smith D.C., 118, 121, 123, 125, 127
Sommer R., 71, 73, 77, 81-82, 101
Sonnenfeld, 60
Stea D.C., 48, 51, 101, 146

Steinzor B., 82-83
Steven G., 73-82
Stockdale J., 103-104, 108
Stokols D., 15, 18-20, 23, 35, 43, 87, 103, 106, 108, 111, 117, 158
Stone C.P., 120, 122
Stratton L.O., 75, 76
Strauss A., 117, 120
Stringer P., 122
Sundstrom E., 73, 80, 100, 103

Taylor D.A., 90-91, 95, 102
Taylor J.R., 37
Tedesco J.F., 79
Tennis G.H., 71
Theodorson, 19
Tolman E.C., 51
Tolor A., 72, 81
Toynbee, 17
Trigg L.J., 38
Tucker L.R., 37-38
Tuso M.A., 42

Van Lier H., 21
Vinsel A.M., 71, 88, 97-98

Ward M.P., 36
Warren M., 81
Webber, 56
Webster F.E., 37
Werner H., 145
Westin A.F., 98-101, 104, 126
Wheeler L., 102
White L., 31
White R.R., 52, 55
Whyte A., 161
Wigand K.T., 117, 119, 122
Willems E.P., 18-19, 45
Williams J.L., 75
Willis F., 78-79
Winkel G.H., 31
Wohlwill J.F., 17-18
Wolfe M., 85-87, 91, 95
Wolff M., 126
Wood D., 52-60
Worchel S., 108
Worthy, 93

Yoels, W.C., 120, 122

Zlutnick S., 117

Liste des tableaux et figures

Tableau I.
Rappel de quelques jalons de l'approche écologique 18

Tableau II.
Principales approches du concept d'intimité 86

Tableau III.
Présentation des principaux auteurs qui ont travaillé au niveau des facteurs influençant le degré d'intimité désiré 95

Tableau IV.
Principales conclusions des recherches présentées par Altman et Vinsel (1976) concernant les différents facteurs influençant l'utilisation des quatre catégories de distance de Hall 97

Tableau V.
Présentation de quelques recherches effectuées au niveau de l'utilisation de la territorialité comme mécanisme de contrôle des interactions avec le milieu ... 102

Tableau VI.
Relations entre les quatre dimensions de la territorialité d'Altman et les états de l'intimité de Westin d'après Pastalan 104

Tableau VII.
Présentation d'auteurs ayant envisagé la ville comme système physique 117

Tableau VIII.
Présentation d'auteurs ayant envisagé la ville comme système social 121

Tableau IX.
Résumé des principales conclusions par rapport à la régulation de l'intimité en milieu urbain 123

Figure I.
Conceptualisation des effets de la densité élevée sur le comportement 107

Figure II.
Syndrome d'autonomie-retrait selon C. Alexander 137

Figure III.
Schéma de quatre collines par éléments, d'après C. Alexander 142

Graphique 1.
Le champ de la psychologie de l'environnement 22

Table des matières

Avant-propos 5
Préface d'Henri Van Lier : Environnement et feuilletage 7

Chapitre I. Perspective de la psychologie de l'environnement 15
Section 1. Toile de fond - origines - types de contributions - rapports avec la psychologie sociale 15
  1. L'apparition de civilisations avancées 17
  2. Le développement de l'écologie humaine 17
  3. Le mouvement écologique proprement dit 19
  4. Les apports de la psychologie expérimentale et des théories de la personnalité ... 20
  5. L'architecture et la psychologie de l'environnement 21
Section 2. La responsabilité écologique 30

Chapitre II. Les processus psycho-sociaux sous-jacents 47
Section 1. Perception et représentation de l'environnement 47
A. Définition des concepts fondamentaux 49
  1. Les notions relatives à l'environnement géographique 50
  2. Les notions relatives à la représentation mentale 50
B. Facteurs influençant la représentation de l'environnement 52
  1. Les variables relatives à l'expérience de l'environnement 53
    a) lieu de naissance 53
    b) durée de résidence 54
    c) mobilité résidentielle 55
    d) mode de transport 55
  2. Les dimensions sociales 56
    a) utilisation de l'espace par les classes sociales 56
    b) carte psychologique et classe sociale 57
    c) choix d'une collectivité 58
  3. Les variables personnelles 59
    a) âge 59
    b) sexe **60**

	c) dimensions de personnalité	60
	- dispositions par rapport à l'environnement	60
	- théorie de la spécialisation	61

Section 2. Espace personnel et distance interpersonnelle 65
A. Problèmes de définitions: Tableau-synthèse 65
B. Variables influençant l'espace personnel 70
   1. Facteurs individuels 70
      a) âge 71
      b) sexe d'appartenance 72
      c) caractéristiques de personnalité 75
         I. axe intraversion/extraversion 75
        II. niveau d'anxiété 76
       III. perturbations émotionnelles ou handicap physique 77
   2. Dimensions psycho-sociales 78
      a) statut 78
      b) facteurs interpersonnels 78
      c) élément culturel 80
   3. Facteurs d'environnement 81

Section 3. Régulation de l'intimité 84
A. Définition de l'intimité comme processus de régulation des interactions .. 84
B. Propriétés essentielles 87
   1. Caractère dialectique et dynamique 87
   2. Recherche d'un optimum 88
   3. Processus multimodal 88
   4. Intimité culturellement spécifique ou universelle 88
C. Facteurs influençant le degré d'intimité désiré 90
   1. Pénétration sociale 90
   2. Facteurs personnels 91
   3. Coûts et gains de la relation 92
   4. Contexte situationnel 94
D. Mécanismes utilisés pour atteindre le niveau d'intimité désiré 96
   1. Verbaux et non-verbaux 96
   2. L'environnement immédiat 96
E. Fonctions de l'intimité 98

Section 4. Comportement territorial, densité sociale et expérience psychologique du « crowding » 100
- Définitions de territoire et territorialité 100
- Distinction de la densité sociale et expérience de « crowding » 103
- Le « crowding » comme phénomène multidimensionnel 109

Chapitre III. L'écosystème urbain 111

Section 1. Espace personnel et régulation de l'intimité en milieu urbain 111
A. Caractéristiques du cadre de vie urbain 112
   a) la ville comme système physique 116
   b) la ville comme système social 118
B. Mécanismes utilisés par les citadins pour atteindre le niveau d'intimité désiré . 123
   a) l'anonymat 126
   b) l'espace personnel 126

Section 2. L'enfant et la vie urbaine 144
A. Représentation spatiale 145
   1. la représentation agie 146
   2. la représentation iconique 147
   3. la représentation symbolique 147
B. Orientation spatiale 147
   1. l'orientation égocentrique 148
   2. l'orientation fixe 148
   3. l'orientation coordonnée 149

C. Régulation de l'intimité	149
D. Vécu urbain	151
Conclusions: Implications et retombées de la perspective de psychologie de l'environnement	157
Postface	161
Notes	163
Références	165
Bibliographie générale	179
Index des auteurs cités	183
Liste des tableaux et figures	187
Table des matières	188